广西绿色经济发展研究

代洪丽 著

中国商务出版社
·北京·

图书在版编目（CIP）数据

广西绿色经济发展研究 / 代洪丽著. —北京：中国商务出版社, 2023.7

ISBN 978-7-5103-4682-8

Ⅰ.①广… Ⅱ.①代… Ⅲ.①绿色经济—经济发展—研究—广西 Ⅳ.①F127.67

中国国家版本馆CIP数据核字（2023）第101150号

广西绿色经济发展研究
GUANGXI LÜSE JINGJI FAZHAN YANJIU

代洪丽 著

出　　版：	中国商务出版社
地　　址：	北京市东城区安外东后巷28号　　邮　编：100710
责任部门：	商务事业部（010-64269744　bjys@cctpress.com）
责任编辑：	郭舒怡
直销客服：	010-64266119
总 发 行：	中国商务出版社发行部（010-64208388　64515150）
网　　址：	http://www.cctpress.com
排　　版：	廊坊市展博印刷设计有限公司
印　　刷：	廊坊市蓝海德彩印有限公司
开　　本：	710毫米×1000毫米　1/16
印　　张：	14.5　　　　　　　　　　　　字　数：227千字
版　　次：	2023年7月第1版　　　　　　　印　次：2023年7月第1次印刷
书　　号：	ISBN 978-7-5103-4682-8
定　　价：	58.00元

凡所购本版图书如有印装质量问题，请与本社印制部联系（电话：010-64248236）
版权所有 盗版必究（盗版侵权举报可发邮件到本社邮箱：cctp@cctpress.com）

前　言

　　21世纪，我国经济一直处于高速发展的态势，经济增长幅度明显，其中国内生产总值（GDP）、进出口贸易以及主要工农业产品的产量始终处于世界前列。然而，我国在保持经济高速增长的同时，也存在较多隐患。例如，环境污染、资源利用率较低、生态环境遭到破坏等问题日益严重。因此，转变我国传统的经济发展方式，追求经济发展与环境保护共同发展，已经成为我国经济持续健康发展亟待解决的关键问题。在全国各地树立绿色经济与绿色发展理念的同时，广西壮族自治区（简称"广西"）也迎来了经济社会绿色转型发展的重要机遇期。近年来，广西的GDP增速一直位居全国前列，经济增长速度较快。广西处于我国西南部地区，相应的海洋资源、矿产资源、动植物资源十分丰富，还有奇特的喀斯特地貌和丰富的文明古迹。然而，随着不断承接东部地区的产业转移，广西在经济取得快速发展的同时，也造成了资源的过度消耗和生态环境的污染破坏。当前，广西实行绿色经济的转型发展，已经迫在眉睫。

　　本书的主要研究内容具体包括：第1章为导论。本章提出了本书的立题背景与研究意义，界定了与本书相关的研究范围与基本概念，阐述了相关的研究内容、方法与框架。第2章为绿色经济发展的相关研究。本章对国内外绿色发展进行了理论综述，并对生态文明、可持续发展及其相互之间关系的理论进行全面评述，阐述绿色经济与绿色金融理论，探讨区域发展与区域经济的相关理论。第3章为广西绿色经济发展的现状分析。本章通过其现状分析梳理，明确其存在的一系列问题以及发展绿色经济的可行性，为后续的理论与政策研究奠定基础。广西生态环境较为脆弱，经济相对落后且闭塞，但也因此没有受到"灰色发展"模式的冲击，得以保存了较为完好的生态文明与传统文化。在新的发展理念与发展形势下，广西以其生态优势和传统文化遗产而获得了绿色发展的持续动力。第4章为广西绿色经济发展内在动力的理论分析。本章主要分析了广西绿色经济发展的必要性，阐述了广西绿色经济发展的客观需要及动力来源，并解析了广西绿色经济发展的动力机理。第 5 章为促进广西绿色经济发展的作用机制分析。本章详细地分析了乡村振兴背景下广西金融促进绿色经济发展的机理与绿色金融促进产业结构优化的机理。第 6 章为广西绿色经济发展的实证研究。本章阐述了绿色经济发展的实证背景和分析机理，介绍了指标选取与研究方法，分析了实证研究结果。第 7 章为广西绿色经济发展的策略分析。本章通过广西新时代经济发展政策背景、价值取向、实施目标、基本思路、障碍因素以及路径创新分析，系统阐述了绿色经济的发展策略，为广西绿色经济发展的政策制定与落实提供理论依据。第 8 章为广西绿色经济发展的政策建议。本章介绍了广西在发展绿色经济方面的经验，提出实现广西绿色经济发展政策目标的具体措施。第 9 章为主要结论与研究展望。本章针对本书的成果进行归纳总结，并得出比较有信服力的研究结论。

  绿色经济发展的政策创新及重构绿色经济发展的政策体系是一项复杂的工程。考虑到时间、精力和研究条件的相关因素，本书对于广西绿色经济发展的动态把握、绿色经济发展的创新机制与政策的实践检验、政策体系重构的可行性等方面的研究尚有一定欠缺。

  本书的顺利出版，得到了多方面的支持与帮助。在此，衷心感谢湖南大学王修华教授、广西民族大学曾鹏教授、广西职业师范学院官锡强教授和莫晨宇教授等的关心与全力支持，以及王立新、卢玉桂、韦志民、陈泰安等老师的热情帮助，感谢我的家人对我默默的付出，同时特别感谢中国商务出版社编辑凌婧、郭舒怡的热情帮助与大力支持。

代洪丽
2023 年 5 月

目录 CONTENTS

第1章 导论
1.1 立题背景与研究意义 3
1.1.1 立题背景 3
1.1.2 现实研究价值 5
1.1.3 理论创新意义 6
1.2 研究范围与基本概念 6
1.2.1 研究范围 6
1.2.2 基本概念 9
1.3 研究内容、方法与框架 10
1.3.1 内容 10
1.3.2 方法 11
1.3.3 框架 11

第2章 绿色经济发展的相关研究
2.1 国内外相关问题研究现状 17
2.1.1 经济发展与环境污染相关关系研究现状 17
2.1.2 绿色经济发展研究动态 18
2.1.3 地区绿色经济发展战略研究现状 23
2.1.4 绿色金融研究现状 23
2.2 绿色发展基础理论概述 24
2.2.1 绿色发展含义的研究 24
2.2.2 绿色发展水平的研究 24

2.2.3 绿色发展效率的研究···25
　　2.2.4 绿色发展差异和影响因素的研究·······························26
2.3 生态文明与可持续发展理论综述···27
　　2.3.1 生态文明理论···27
　　2.3.2 可持续性发展理论··29
　　2.3.3 环境库兹涅茨曲线··30
　　2.3.4 生态文明与可持续发展的关系···································31
2.4 绿色经济与绿色金融理论综述··32
　　2.4.1 绿色经济理论···32
　　2.4.2 绿色金融理论···35
2.5 区域经济与区域发展理论综述··36
　　2.5.1 区域经济理论···36
　　2.5.2 区域发展理论···38

第3章 广西绿色经济发展的现状分析

3.1 广西绿色经济发展的总体情况··41
　　3.1.1 广西发展的概貌···41
　　3.1.2 广西经济发展水平与环境质量的分析···························48
　　3.1.3 广西发展绿色经济的必要性······································51
　　3.1.4 广西推进绿色经济发展的实践探索······························52
3.2 广西绿色经济发展的综合评价··55
　　3.2.1 绿色经济发展评价指标体系构建································55
　　3.2.2 广西绿色经济发展的评价结果···································57
3.3 广西绿色经济发展存在的问题··58
　　3.3.1 经济社会发展与资源环境生态供需矛盾日益突出··············58
　　3.3.2 基础设施落后，资本支持力不足·································58
　　3.3.3 支撑绿色发展的高新绿色生产技术创新与能源系统落后······59
　　3.3.4 工业化和城镇化水平低，带动能力不足·························59

3.3.5 相关管理部门间协作不深入、环境监测技术亟待提高 59
　　3.3.6 环保意识薄弱，文化观缺失 60
　3.4 广西绿色经济发展的可行性分析 60
　　3.4.1 技术因素 60
　　3.4.2 社会因素 61
　　3.4.3 政治因素 61
　　3.4.4 经济因素 62
　　3.4.5 环境因素 62
　　3.4.6 法律因素 63

第4章 广西绿色经济发展内在动力的理论分析
　4.1 广西绿色经济发展的内在驱动作用 67
　　4.1.1 广西绿色经济发展的必要性 67
　　4.1.2 广西绿色经济发展的客观需要 68
　　4.1.3 广西绿色经济发展的动力来源 73
　4.2 广西绿色经济发展动力的机理解析 75
　　4.2.1 广西绿色经济发展的微观主体行为分析 76
　　4.2.2 广西绿色经济发展的中观协同推进探析 81
　　4.2.3 广西绿色经济发展的宏观制度机制分析 86

第5章 促进广西绿色经济发展的作用机制分析
　5.1 乡村振兴背景下广西金融促进绿色经济发展的机理 93
　　5.1.1 背景与研究意义 93
　　5.1.2 实证分析 94
　　5.1.3 研究结论 102
　5.2 绿色金融促进产业结构优化的机理分析 105
　　5.2.1 背景与研究意义 105
　　5.2.2 广西绿色金融发展与产业结构现状 106

    5.2.3 绿色金融对产业结构优化的促进机制 ·············· 110
    5.2.4 广西绿色金融促进产业结构优化的实证分析 ·········· 112
    5.2.5 实证结论 ······························ 116

第6章 广西绿色经济发展的实证研究
  6.1 绿色经济发展的实证背景与分析机理 ················· 121
    6.1.1 绿色经济发展的实证背景 ····················· 121
    6.1.2 绿色经济发展的分析机理 ····················· 121
    6.1.3 绿色金融体系为绿色经济的发展提供支持 ············ 122
    6.1.4 绿色经济的发展促进绿色金融的创新升级 ············ 122
  6.2 指标选取与研究方法 ·························· 123
    6.2.1 绿色发展综合评价指标的构建及说明 ·············· 123
    6.2.2 数据来源 ······························ 124
    6.2.3 无量纲化处理 ··························· 125
    6.2.4 基于熵值法的评价体系 ······················ 125
    6.2.5 耦合评价模型 ··························· 126
  6.3 实证研究结果 ····························· 127
    6.3.1 综合指数得分 ··························· 128
    6.3.2 耦合度的计算与分析 ······················· 129
    6.3.3 耦合协调度的测算与分析 ····················· 131
    6.3.4 研究结论 ······························ 133

第7章 广西绿色经济发展的策略分析
  7.1 绿色是广西新时代经济发展的底色 ·················· 137
    7.1.1 广西绿色经济发展的政策背景 ·················· 137
    7.1.2 广西绿色经济发展政策的价值取向 ················ 140
  7.2 广西绿色经济发展政策的实施目标 ·················· 141
    7.2.1 实现经济、社会和生态文明的共同发展 ············· 141

目录

  7.2.2 助力乡村振兴并促进富民增收 ———————————— 142

  7.2.3 推进新型工业化进程并实现工业化 ———————————— 142

 7.3 广西绿色经济发展的基本思路 ———————————— 143

  7.3.1 广西绿色经济发展的战略抉择 ———————————— 143

  7.3.2 广西绿色经济发展的实施方略 ———————————— 143

  7.3.3 广西绿色经济发展的优化重点 ———————————— 146

 7.4 广西绿色经济发展的障碍因素 ———————————— 150

  7.4.1 绿色经济发展的思想观念滞后 ———————————— 150

  7.4.2 绿色经济发展的绿色技术和能源系统支撑不足 ———————————— 151

  7.4.3 绿色经济发展的绿色金融制度的缺失 ———————————— 152

 7.5 广西绿色经济发展的路径创新 ———————————— 154

  7.5.1 绿色经济发展的微观路径选择：驱动微观经济主体行为绿色转型 ———————————— 154

  7.5.2 绿色经济发展的中观路径选择：协同推进产业、区域与地方政府绿色转型 ———————————— 159

  7.5.3 绿色经济发展的宏观路径选择：深化制度体系绿色转型 ———— 164

第8章 广西绿色经济发展的政策建议

 8.1 广西绿色经济发展的经验 ———————————— 173

 8.2 实现广西绿色经济发展政策目标的具体措施 ———————————— 174

  8.2.1 积极有效推动实体经济发展 ———————————— 174

  8.2.2 发展绿色金融优化产业结构 ———————————— 175

  8.2.3 不断深入推进城乡协调发展 ———————————— 177

  8.2.4 始终坚持深化改革、扩大开放 ———————————— 179

  8.2.5 强化政府绿色经济调控职能 ———————————— 179

  8.2.6 夯实金融实体经济支撑基础 ———————————— 182

  8.2.7 加强绿色产业生态文明建设 ———————————— 184

  8.2.8 坚定不移提升民生福祉 ———————————— 184

第9章 主要结论与研究展望

9.1 主要结论 ··· 189
9.1.1 广西绿色经济发展具有理论依据与实践意义 ························· 189
9.1.2 绿色经济发展、绿色经济、循环经济的有机结合可实现可持续发展 ·· 189
9.1.3 绿色经济发展是广西社会经济发展的必然选择 ······················ 190
9.1.4 广西具有绿色经济发展的内在动力与客观需要 ······················ 190
9.1.5 绿色经济与绿色金融是绿色经济发展水平的重要衡量指标 ·· 190
9.1.6 实现广西绿色经济发展务必重构政策体系 ···························· 191
9.2 研究展望 ··· 192

主要参考文献 ··· 193

第 1 章

导 论

第1章 导论

1.1 立题背景与研究意义

1.1.1 立题背景

我国的整体经济保持着快速增长的发展势头，经济增长幅度明显，其中，贸易总额、产业总量都一直位居世界前列。但是，在经济持续快速增长的过程中，我国的经济也出现不少的问题，例如，环保问题和资源利用率低等问题。随着这些问题加重，高耗能产业如钢铁、煤炭等产能过剩等问题也随之出现。以往数十年之间，我国一直以来都实施以投入程度高、污染消耗多为主要的经济增长方式，此增长方式一方面加速了资源的短缺，另一方面加重了对生态环境的污染。这些问题突出显示环境问题与经济增长之间的冲突，对于社会的可持续健康发展产生一定程度的危害。所以，变动传统的经济增长路径，协调发展经济增长和环境保护的相关问题，已成为我国急需解决的重要问题。面对国内粗放式发展之后所带来的负面效应，这种粗放式的发展方式满足不了我国经济高质量发展的内核要求，而绿色发展也正逐渐作为我国未来经济转型升级的核心动力。

随着经济增长所带来环境和资源问题的加重，我国的经济已经慢慢步入绿色转型发展的新时代。自 2011 年，加速绿色经济发展已成为我国的重点发展工作，绿色经济发展的实践活动以及相关的理论基础也逐渐被大家所熟知。党的十八大表明，要将生态文明建设纳入中国特色社会主义事业五位一体总体布局，明确提出大力推进生态文明建设，努力建设美丽中国，实现中华民族永续发展。2016 年 3 月 17 日，党中央发布的"十三五"规划再一次强调，绿色发展贯穿于发展的每一个过程上。《中华人民共和国民法典·总则》要求公民的民事行为，既要遵守平等、自愿和诚实信用的原则，又要以有利于资源的节约和生态环境的保护为前提开展民事活动。绿色发展的思想已经不仅仅是注重人与社会、自然的协调发展，更是注重经济、社会、政治、文化、生态建设的发展。将绿色发展新理念贯彻到实践当中，有利于建设一个美丽的社会主义现代化强国，而且还对构建世界生态崭新局面、对全球生态保护问题作出一定贡献。

从1962年起，各个国家都加速了对绿色发展的路径寻求之路。在全球整体承载力已达峰值的期间，主要大国逐渐将重心转移到绿色生态环境保护上，逐渐开始对各产业的结构进行有计划调整，探索绿色发展方式。以绿色、低碳、节能为特征的新型工业革命和创新科技继往开来，以绿色作为发展底色，已然成为主要课题。对于绿色经济有关概念得到了很多研究者的重新定义，进而对于一些城市的绿色建设、维系经济增长与保护环境环保等问题均得到讨论与分析。同时，对绿色经济发展的典型案例也进行了研究，逐步构建一整套系统的产业发展、环境保护、和谐社会系统的体系，从而更好地对区域的生态水平、经济程度、社会和谐氛围等进行量化评估。由于各个地理区域的地方资源的不同，政策措施的发展差异，所以，我国的绿色经济发展从而呈现出区域化差异发展。例如，我国东部地区的经济发展水平要比中西部高得多，但地区间的不平衡发展的问题也一直出现。

在全国各地树立绿色经济与绿色发展理念的同时，广西壮族自治区（简称"广西"）迎来了经济社会绿色转型发展的重要机遇期。广西位于在中国的西南方向，其地理位置所包含的自然资源颇多，如矿资源、陆地植物资源、海洋生物资源，同时其地貌风格属于喀斯特风格。但是广西地区又具有很大的稀缺性，如果地区遭到破损，并不具备人工复刻的可能性。所以广西大部分区域属于"禁开"与"禁限"区域，这就要求在发展经济的全过程中，广西必须兼顾生态、气候等方面的因素。广西在经济发展中处于一个比较落后的地位，按着以往方式去发展广西，使广西的经济发展速度低下或面临着资源匮乏的危机。所以，在我国现阶段，以"绿色经济发展"取代"传统经济模式"已成为一种客观的自然选择。绿色经济的兴起为广西提供了一个新的发展机会。从当前的环境质量来看，相对于其他发达地区来说，广西仍处于比较好的发展水平，厚积薄发。广西的GDP增速持续保持在国内领先水平，其发展势头十分迅猛，由于持续接受东部区域的工业转移，广西在快速发展经济过程中，出现了对资源的利用过多、严重污染等问题。目前，迫切需要开展广西"绿色经济"。为了实现资源、环境和经济发展的均衡，并促进经济发展效率的提高，广西应调整或急需调整自身经济的发展模式，引领新的经济增长点，促进自身经济增长效率的提高和可持续发展，并着重发展绿色经济，推动广西地区绿色化发展的进程。发展绿色经济既是推动广西实现快速发展的机会，也是一次很大的挑战。所以，如何打好这场"绿色经济"的攻坚战就显得尤为关键。

1.1.2 现实研究价值

我国对绿色经济的研究很少，大多学者进行了定性的系统讨论，并不能很好地呈现出我国在绿色经济建设中获得的成果。因此，对广西绿色经济发展进行深入分析和研究，是具备一定的理论与实践意义。

对广西"绿色"发展的基本内涵进行归纳，首先，建立广西"绿色"经济发展的评估指标，并对其变动趋势进行实证分析。其次，对不同区域开展"绿"发展的经验与成果进行全面、全面、客观地评估，对于全面、客观、准确地评估"绿"经济的发展效果。最后，科学地把握"绿色化"发展过程中所面临的问题与不足。

本书基于对广西现状的深入分析，在国家一系列政策来强化经济建设、打造高质量发展的前提背景下，如何采取一系列措施将广西作为中国新兴经济体范畴，具有十分重要的现实意义。本书通过对广西独特的地理、资源、经济、社会、体制环境进行分析，发现广西现阶段在绿色经济快速发展和经济结构调整方面有很大的机会，也有很大的困难。所以，如何促进广西社会经济快速转型，实现经济、社会、环境三大效益的最大化，是广西亟待解决的重要课题。

首先，本书从经济、资源和环境、政府政策等方面，分析广西绿色经济发展的现状及存在的问题，试图构建广西绿色经济发展评价指标体系，对广西绿色经济发展进行科学评价，并提出相应的对策建议，这对广西践行新时代发展理念，顺利完成广西经济社会规划具有重要的现实意义。在此基础上，全面评估广西绿色经济发展的程度与可持续性，并研究其在时间与空间上的演化规律，将有利于梳理区域内的绿色经济发展过程，避免因追求经济发展而忽视生态系统对区域生态系统的破坏。在此背景下，通过对广西区域环境问题的分析，增强区域环境保护的认识，为推动区域环境保护工作的深入开展打下坚实的理论和实践基础。同时，对区域环境保护中存在的问题进行分析，从质与量两个方面深入剖析限制区域环境保护与区域环境保护之间的关系，从而进一步提高区域环境保护的水平，缩短区域环境保护差距，充分利用区域环境保护和区域环境保护等方面的有利条件，为广西"绿色崛起"提供一条可行的途径。

其次，本书通过优化绿色经济发展的支持对策，在绿色经济发展的过程中引入金融力量，促进产融结合，增强金融支持的针对性和有效性，有效地加快广西绿色经济发展的规模化与产业化。

1.1.3 理论创新意义

全球经济处于一种十分复杂的状态，许多国家都认识到传统的经济发展模式不能有效促使经济可持续发展，因此，许多国家都将目光投向了可以实现经济发展和环境保护相结合的绿色发展模式上，并颁布一系列措施支持和发展绿色经济和绿色产业。近几年，中共中央、国务院有关部门对未来生态文明建设提出了四个方面的要求：一是优化国土空间布局；二是大力推进资源节约，提高环境保护力度；三是要大力发展生态文明，就必须大力发展绿色经济；四是推进资源节约型和环境友好型社会的建设。推进生态文明建设这一系列的举措，对于推动我国绿色经济的发展具有积极的意义。

许多国家均得到了地区经济发展的共识——绿色经济发展，该发展是传统的高能耗、高排放经济向低能耗、低污染转变的必然选择。然而，国内外学者对此问题的研究，大多是从国家的视角进行研究的，从地区，特别是省级地区的视角，对绿色经济的研究还很少。本书从宏观的视角出发，基于传统的"环境库兹涅茨曲线"假设，构建广西地区经济发展和环境污染之间的关系模型，对两者之间的关系进行实证研究，从而得到广西地区经济发展和环境污染之间的相互关系，进而提出广西绿色经济发展的新策略。

1.2 研究范围与基本概念

1.2.1 研究范围

1. 广西基本情况

第一，广西位于中国最南端，其地理位置优越。具体表现为：广西的东部与广东接壤，南部与北部湾接壤，西部与云南省接壤，东北部与湖南相望，西北部与贵州接壤，西南部与越南接壤。广西的陆地面积237600

平方公里，占全国土地总面积的2.5%，在全国省份中排名第9。广西地区的地貌特征是以盆地为主，在盆地的外围分布着大量的断裂带，而在南部和中部则以平原为主。在国土面积中，39.8%为山区（超过400米海拔），19.7%为石山（400米海拔），10.3%为山丘（200~400米海拔）。目前，全市可耕种土地存有11%。广西地处滨海，有着12.9万平方公里的北部湾水域面积，其海岸线全长超过1500公里，从广东边界的洗米河口到中越边界的北仑河口，是广西最大的海疆之一。滨海可分为两类：一类是冲积平原区滨海，另一类是台地滨海。其中共有697座沿海小岛，小岛总面积约84平方公里。其中涠洲岛占地28平方公里，是广西最大的近海海岛。

广西属于亚热带季风区域，是我国南方重要的区域之一。广西的夏季整体持续时间长，并且气温高，伴随着降水量大的特征。冬季持续时间短，整体气候偏向干燥，气温较适宜。气候的差异导致广西年平均温度在21℃左右。七月是最暖和的月份，平均温度26℃；一月是最寒冷的月份，平均温度在8℃；年平均降水量为1835毫米。

第二，2020年，广西的总人口数达到了5613万人，全国排名第十。其中，城市人口1411万人，占全国总人口的29%；剩下的71%的人口属于农村户口。

第三，广西共有14个地级市、7个县级市地级市。包括：柳州市、桂林市、南宁市、梧州市、北海市、崇左市、来宾市、贺州市、玉林市、百色市、河池市、钦州市、防城港市、贵港市。

2. 广西发展情况

第一，广西的经济有了显著的提高。1978—2020年，广西的生产总值由0.01万亿元增长至2.21万亿元，位居全国第17位；到2020年，广西地区的人均国内生产总值上升为4.42万元。

第二，加速了工业化的发展。第一产业、第二产业和第三产业的结构从1978年的41∶34∶25，上升到2020年的19∶41∶39，均有所显著改善。其中，工业在国内生产总值中所占的比例达到了38.6%，从而使我国的经济结构发生了巨大的变化。

第三，基础建设不断提高。广西西南对外交通走廊的构架已经初步成型，并在国际交通走廊的建设中起到了举足轻重的作用。2020年底，广西的公路总里程达到12.78万公里；铁路总里程为5500公里；港口吞吐量为1.0552

亿吨。"龙滩水电站"和"百色水电站"相继建成并投入使用。

3. 发展优势

广西经济发展具有许多有利条件，归纳为以下四点：

一是地理位置优越。广西是一个沿海的大城市，边境长1020公里，海岸线长1628公里，与越南隔海而立并；并有7个一类港口、8个二类港口。伴随着2010年"中国—东盟FTA"的全面建成和"泛北部湾经济区"的崛起，广西的地理位置与战略地位日益凸显。

二是拥有得天独厚的资源条件。广西是我国十大有色金属主产区之一，铝、锰、锑、锡等矿产资源比较丰富，其中铝产量超过10亿吨。可开采的电力总量在1800万千瓦以上。广西拥有丰富的农业、林业、动物、植物等多种资源，是世界上最大的水稻生产基地，在蔗糖、机制糖、蚕茧、木薯等生产方面均位居世界前列。广西的旅游资源也很丰富，有利的地理位置和丰富的资源优势为其发展特色旅游经济和大力发展绿色经济创造了极为有利的原始条件。

三是具有生态上的优越性。广西的森林覆盖率高达54%，位居全国第四；广西的红树林面积为9412.11公顷，位居全国第二。广西已建成自然保护区78个、风景名胜区34个、国家地质公园10个。优良的生态环境，俨然成为广西一种独特的品牌效应。

四是具有政策上的优越性。第一，广西拥有西部大开发的好处，第二，独有沿海开放边境贸易的优势。《广西北部湾经济区发展规划》获国务院批复，将北部湾经济区的对外开放与发展列入国家层面发展战略上，并在此基础上提出了新的发展思路。中国—东盟自贸区将全面竣工，广西将先后建立5个保税区，即钦州保税港区、凭祥综合保税区、南宁保税物流中心、北海综合保税区、梧州综合保税区。

由于历史、人文、自然条件等，广西的经济发展相对滞后，贫困人口基数大，贫困程度深。而广西及经济可持续、高质量发展的实现，需要不断补齐地区发展短板，转变经济发展方式，特别是促进绿色经济的发展，必须探索出一条符合广西地域并实现自然环境要素与经济社会协调发展的可持续发展之路。因此，本书以广西为研究对象，对广西的经济、生态、法治与绿色发展等领域的现状、特点、存在问题以及未来发展方向展开研究。

1.2.2 基本概念

1. 绿色发展的概念

绿色发展是一种基于传统发展的内容和方式进行的一定创新模式。绿色发展既是以环境保护和可持续发展为核心的新型发展方式，也是符合世界发展潮流的新时期想法，更是对中国经济、政治、社会、文化、生态等多个领域的发展理念起着重大的理论与实践价值作用。

2. 绿色经济的界定

绿色经济是以市场作为着力点，基于传统产业进行开展，以经济与环境的彼此协调为目标，为了满足对生态安全和人类健康的需求，进而呈现出的一种新的发展形态。要使我国的经济得到更大程度的发展，就必须要发展绿色经济，以此来调节环境资源与经济发展之间的矛盾。要做到这一点，除了要改变实施理念之外，还必须将绿色的要素注入经济发展的模式中，积极发展绿色经济，使经济发展不再以环境资源为牺牲品。"生态经济""低碳经济"和"循环经济"三者的总和则是"绿色经济"。

在《绿色经济蓝皮书》中，英国经济学家皮尔斯首次提出绿色经济这一概念，并提出要把人类的发展和环境的发展紧密联系在一起。在这些因素中，环境成为影响经济发展的一个主要方面。因此，经济发展必须建立在可持续的环境基础上。但是，皮尔斯并未对绿色经济这一特定的概念做出明确的定义，也没有对绿色经济这一概念进行详细的描述。联合国环境规划署（2011）指出，绿色经济是指能改善人类福利和社会公平，同时极大地降低环境危害和生态稀缺性的经济模式。

3. 绿色金融的含义

当前，关于绿色金融的理论和实践还没有形成统一的标准。本书以绿色信用作为主要切入点，提出绿色金融的概念。绿色金融是在国家环保经济政策的指导下，相关金融机构主动、自主地把环保的理念纳入日常的投资、运营、决算等业务中，并将其作为核心理念加以贯彻执行。绿色金融指的是产业之间不同资源的相互流动，有利促进环境改善和生态发展的业态的发展，以此满足可持续健康发展的效果。值得注意的是，绿色证券、绿色保险、绿色基金、绿色金融等构成了一个完整的绿色金融系统。

1.3 研究内容、方法与框架

1.3.1 内容

第一,理论回顾借鉴与研究范畴界定:梳理、评述与借鉴包括绿色发展、生态文明、区域经济、可持续发展与发展经济学等理论的研究成果。基于国内外文献,分别就新时代、绿色发展、生态文明、可持续发展、区域经济对发展等理论内涵进行系统界定与分析。

第二,对广西经济、生态、法治与绿色发展现状与问题进行研究。因为广西生态环境较为脆弱,经济相对落后且闭塞,所以广西没有受到"灰色发展"模式的冲击,并得以保存了较为完好的生态文明与传统文化。在新的发展理念与发展形势下,广西以其自身的生态优势和传统文化遗产获得了绿色发展的持续动力。在工业化、现代化、城镇化浪潮的冲击下,广西由于经济发展所带来的人与自然失衡、本土知识流失、传统行为规范失范等问题,使广西的行为规范处于复杂状态,并失去了有效的社会控制与法治理念。总体而言,广西的绿色发展面临诸多困境与挑战。

第三,新时代广西绿色发展的实证研究。分析新时代下,广西绿色发展的状况、特征与模式,考察其与经济、社会结构变迁的互动关系,实证分析绿色发展对经济社会发展的影响,评价现行绿色发展模式及其经济绩效(包括改革历程、制度变迁、数量特征等)。

第四,广西绿色发展动力机制与障碍因素的理论分析。首先,研究广西绿色发展支持系统的构成方式、内在动力、约束条件、决定因素、微观基础、理论模型以及实现路径(包括内在要求、原则及评价标准、方法和预警)等。其次,分析广西绿色发展的客观条件与障碍因素,形成广西绿色发展的制度体系、组织模式及服务保障机制。

第五,新时代背景下,广西绿色发展路径构建与政策建议。首先,在综合研究了广西经济、生态、法治与绿色发展的现状及问题后,明确基于绿色发展且能推动广西经济可持续增长、社会稳定发展的战略选择,探索适合广西的绿色发展策略,构建符合广西经济社会可持续发展的绿色发展路径,并梳理已有国内外绿色经济发展的政策,提出合理政策措施。其次,通过总结广西绿色发展的经验、教训与生态智慧,探索出广西绿色发展的模式，阐释广西的绿色发展观，为中国整体绿色发展战略的制定提供理论基础。

1.3.2 方法

本书立足于新时期背景下广西绿色发展所面临的现实问题，着眼于实现绿色发展与地区经济社会的和谐发展，综合运用规范与实证、定性与定量、静态与动态、理论与政策研究等方式，从多层面、多视角对新时期背景下广西绿色发展的途径进行系统而深刻的探索。在研究的过程中，笔者将拟采用文献回顾法、田野调查法、比较研究法、多学科协作法等研究方法。

（1）文献回顾法。通过回顾国内外关于绿色发展、经济人类学、发展人类学、可持续发展、金融学、经济学等相关文献，梳理相关文献并提炼观点，对此前的研究进行评述，撰写文献综述。在了解绿色发展的研究现状及不足后，提出本书的主要问题与理论预设，制定研究计划。

（2）田野调查法。制订研究计划与调查提纲后，笔者深入广西地区进行深入、细致的田野调查。笔者在田野中检验理论，验证研究预设，同时收集数据资料进行数据分析。

（3）比较研究法。笔者在田野调查中收集好原始数据后，对这些原始数据进行归类、比较分析，以总结出一定的规律和特性。通过比较研究，笔者发现广西绿色发展的特殊性与普遍性。

（4）多学科协作法。资料收集完成与比较分析后，笔者给出一定的政策建议与咨询方案。同时，在整个研究过程中，强调多学科、多视角的研究与协调方式。

1.3.3 框架

本书系统地研究了广西绿色经济发展现状，以及如何根据绿色经济发展规律进行广西的绿色经济发展，如图1-1所示。

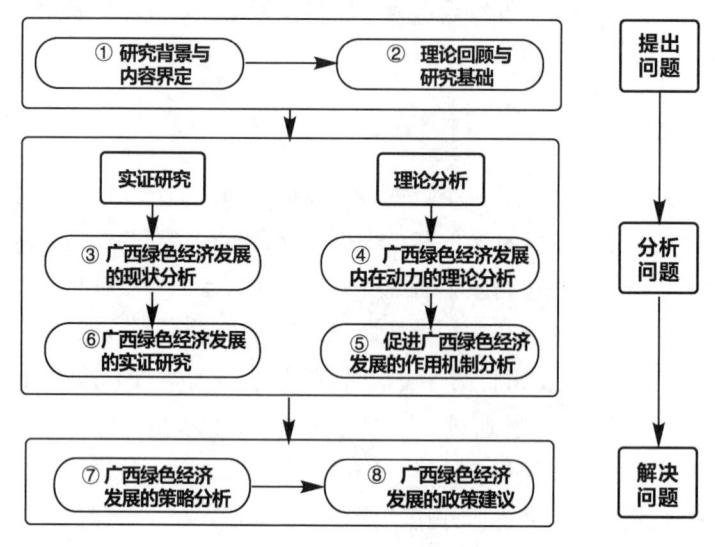

图 1-1 研究框架示意图

首先，提出需要研究的问题。该步骤为本书研究的全面展开做出必要的铺垫，其研究内容包括第 1 章与第 2 章。第 1 章为导论。本章提出了研究背景、现实价值和理论意义，界定了与本书相关基本概念的内涵与外延以及研究范围，阐述了绿色发展与绿色经济、循环经济及绿色金融，绿色发展战略与绿色治理的内在逻辑关系，介绍了本研究的主要内容、基本思路、研究方法、主要观点以及可能创新之处。第 2 章为绿色经济发展的相关研究。主要对国内外绿色发展进行了理论综述，并对生态文明、可持续发展及其相互之间关系的理论进行全面评述，探讨区域绿色发展与区域经济的相关理论，进而综合阐述了广西绿色发展道路选择的已有研究成果。

其次，深入分析所提出的问题。该步骤从现状分析与理论分析两方面入手，全面系统地梳理广西绿色经济发展所面临的问题，并分析其成因。其研究内容包括第 3—6 章。第 3 章为广西绿色经济发展的现状分析。本章通过其现状分析梳理，明确其存在的一系列问题，以及发展绿色经济的可行性，为后续的理论与政策研究奠定基础。第 4 章为广西绿色经济发展内在动力的理论分析。本章分析了广西绿色经济发展的必要正当，阐述了广西绿色经济发展的客观需要，探索生态文明视域下绿色治理的法律规范，并基于广西绿色经济发展的动力机理，研判广西绿色发展的可行性。通过广西绿色发展内在动力机制的一般机理,厘清绿色发展脉络,剖析其影响因素,以期准确选择广西的绿色经济发展路径,明确完善绿色金融发展法律规制的框架思路与政策构想。第 5 章为促进广西绿色经济发展的作用机制分析。本章通过乡村振兴背景下金融促进绿色经济发展以及绿色金融促进产业结构优化的机理分析,实证研究广西绿色金融发展促进绿色经济发展与产业结构优化的内在机制,理顺绿色经济发展的内在逻辑,把握绿色经济发展的核心问题。第 6 章为广西绿色经济发展的实证研究。本章通过实证分析广西绿色经济与绿色金融发展关系,深入把握两者内在的逻辑联系,绿色经济的发展需要绿色金融体系的支持,绿色经济的发展促进绿色金融的创新升级。借助对两者内在关系的实证研究,深入剖析影响绿色经济发展的障碍因素,奠定实施广西绿色发展政策创新的理论与实证基础。

  最后,研究解决所提出的问题。该步骤主要针对广西绿色经济发展的客观规律,通过广西绿色经济发展的策略分析,提出能够满足其绿色经济发展的政策建议。其研究内容包括第 7—9 章。第 7 章为广西绿色经济发展的策略分析。本章通过广西新时代经济发展政策的背景、价值取向、实施目标、基本思路、障碍因素以及路径创新分析,系统阐述了绿色经济的发展策略,为广西绿色经济发展的政策制定与落实提供理论依据。第 8 章为广西绿色发展的政策建议。本章是在前 7 章理论分析与实证研究和把握广西绿色发展政策取向的基础上,通过分析广西绿色经济发展的经验,确立切合实际的实施目标,并提出实现广西绿色发展政策目标的具体措施。第 9 章为主要结论与研究展望。本章对研究成果进行归纳总结,并得出比较有信服力的研究结论。同时,分析本研究的局限性,指出需要进一步进行后续补充研究的内容以及大体方向。

第 2 章

绿色经济发展的相关研究

2.1 国内外相关问题研究现状

2.1.1 经济发展与环境污染相关关系研究现状

尽管有非常多的学者已经对绿色经济发展的概念展开了科学研究,但这是一个新的定义,需要诠释好绿色经济发展的含义,梳理好其相关已存在的研究内容。本书的重点就是要解决广西绿色经济发展的难题,因而,通过整理经济发展与环境污染的有关研究内容,可以更好把握经济发展与环境污染两者之间的经济关系,奠定研究的理论基础。为探索社会经济发展与环境污染治理的解决方法,世界各国的经济学者,研究出了环境的库兹涅茨曲线,并将环境的库兹涅茨曲线用于各个地方的实证分析之中。专家学者不仅用库兹涅茨曲线以分析区域环境的特性,并深入把握区域环境问题最大转折位置,将其作为区域经济发展与环境污染相关关系研究的核心。

科学研究绿色发展需要明确经济发展与环境问题之间的关系。而这一实际上就是环境库兹涅茨曲线。Grossman 和 Krueger(1991)首次提出经济与环境之间的关系,他们发现环境污染与人均纯收入之间存在某种关系,二者具体的关系是环境问题在低收入水平上随人均 GDP 的增加而有所加剧,伴随着工业发展进入一定阶段,人们进入相对高工资水平之后,环境问题随人均 GDP 提高而有所减弱,即两者之间呈现倒"U"字形的关系。在 Grossman 和 Krueger 提出他们观点之后,1992 年,世界银行公布了《世界发展报告》,其明确提出发展和环境具有同等重要的地位,吸引了更多学者加入对环境的库兹涅茨曲线影响的相关探索中。从此之后,世界各国专家学者进行了大量的实证分析来研究环境库兹涅茨曲线,同时也逐步完善基础理论,深化研究内涵。Panayotou(1993,2003)用二氧化碳排放来衡量环境问题,同样得到倒"U"字形结论。Grubb(2004)则另辟蹊径,分析二氧化碳排放与人均纯收入的关系,认为二氧化碳排放随着时间推移存在一个转折,一开始消耗量伴随着人均纯收入的不断增长而有所提高,可是超过转折点之后，平均二氧化碳排放将趋向饱和，变动幅度较小。

但是也有一部分海外专家学者认为有关环境的库兹涅茨曲线站不住脚，其倒"U"字形的结论并非普遍适用。DeBruyn、vandenBergh和Opschoor（1998）用了多种实证模型研究社会经济发展与二氧化硫消耗量两者之间的关系，发现二者是呈正相关的关系，不符合倒"U"字形假设。Getzner（2002）通过实证研究的方式，验证了人均纯收入与碳排放量两者间并不一定存在倒"U"字形关系。DavidIStem（2004）认为传统的环境库兹涅茨曲线并不是适用每个国家和地区的，存在偏差和个例等特殊情况。

此外，在经济发展与环境污染的相关关系研究方面，我国学者丰富了其研究内涵。如王佳、杨俊（2013）通过创建数理模型，实证研究各省市二氧化碳消耗量与经济发展水平的关系，发现经济发展水平对二氧化碳消耗量有很大的影响。李锴、齐绍洲（2011）研究了我国各省商贸与二氧化碳消耗量的关系，发现商贸开放增加二氧化碳的消耗量。高宏霞（2012）研究我国各省市的经济发展与环境污染之间的关系，通过建立环境污染指标评价体系，设立了各个地区的环境库兹涅茨曲线，发现存在倒"U"字形的曲线。施平（2010）进一步分析了我国环境库兹涅茨曲线的形状，主要是运用面板数据信息实证分析，最后发现倒"U"字形曲线在我国适用。但也有我国许多学者认为我们国家不适用倒"U"字形曲线。张捷、张立媚（2016）对广东省人均GDP与三废排放量这两者之间关系进行研究，发现并不呈现倒"U"字形曲线。韩君（2012）研究三十个省的环境库兹涅茨曲线的稳定性，发现部分地区的环境库兹涅茨曲线不具备适用性。

在现有理论研究中，肖彦（2016）认为广西存在环境库兹涅茨曲线。卢远等（2007）则通过研究分析，指出广西经济发展现况与环境污染目前处在加重情况，认为广西仍处在环境的库兹涅茨曲线的左半边。吴玉鸣（2006）研究广西1995—2015年人均GDP与人均污水、有机废气、固体废弃物的相关性，发现曲线图并不符合传统环境库兹涅茨曲线，广西的实际发展情况与理论曲线存在差异。

2.1.2 绿色经济发展研究动态

英国著名的环境经济学家彼得·皮尔斯认为创建一种"能够承受的经济"是至关重要的。绿色经济发展能为应对环境发展问题提供一种科学合理的发展方式。

1. 绿色经济的定义

1989年，皮尔斯提出"绿色经济"。在他看来，社会发展与生态环境必须紧密结合。在研究二者关系时，他认为环境是阻碍经济发展的关键因素，经济发展应以环境可持续为原则，生态资源的获取应有规律地进行，但是他并没有给出绿色经济这个概念的具体定义。此后，Meadows等（1994）在 *Growth Beyond Limits* 一文中提到传统经济发展模式存在诸多不足，并阐明了发展绿色经济的重要性、必要性和紧迫性。绿色经济的关键在于要建立一个比较全面的经济核算体系，要在GDP核算体系中把资源环境作为一个非常关键的因素，充分发挥环境和资源对经济高质量发展的引导作用，兼顾资源消耗、环境污染等发展成本，追求生态发展。

Jack Reardon（2007）指出，绿色经济发展的本质是可持续发展，因此资源的消耗和使用必须符合当地环境的具体情况，尤其是不能让资源的过度和无限消耗。联合国环境规划署（2008）表明，绿色经济发展需要尊重自然规律，重视发展的可持续性，并明确指出，绿色经济致力于在促进社会和谐和人类福祉的基础上保护环境资源，改善环境条件。Rosario Turvey（2015）从区域视角描绘了奥里利亚和安大略湾北部的绿色经济发展状况，他认为绿色发展必须坚持可持续发展，追求绿色生态环境的和谐统一。Ulrich Brand（2016）指出，绿色经济是一种新的发展形态，绿色经济发展战略有可能进一步惠及经济和社会发展。

中国学者刘思华（2001）认为，绿色经济应把生态环境为作为发展载体，促进经济可持续增长。崔如波（2002）提出，绿色经济是一种结合环境效益与经济效益，并追求经济效益、环境效益和社会效益三者一体化发展的经济形式。邹金泰、熊伟明（2003）认为，绿色经济既是绿色产业的体现，也是国民经济发展的关键。赵斌（2006）强调，绿色经济的特点就是以人为本，在环境、生态等多种因素的制约下，需要继续奉行效率服务创新优先的发展理念。胡鞍钢（2008）认为，绿色经济是促进经济与环境协调发展的一种经济方式。许宪春（2010）认为，发展绿色经济需要保证经济增长、资源环境和生态系统三者共同发展。季竹（2012）指出，绿色经济的关键是注重效率、和谐和可持续的统一，通过促进农业生态、产业循环和服务业可持续性来发展经济。

王玲玲、张艳国（2013）认为，绿色经济是一种全面发展的新型经济模式，包括环境、文化、经济、政治等诸多方面。童和峰、赵静等（2015）指出，可持续发展是绿色经济的最终目标，绿色经济需要建立在人与自然和谐共生的基础上。刘恩云、常奔奔（2016）表示，绿色发展不仅包括经济发展，还包括社会制度、经济结构和收入分配的变化等。彭旭书（2017）提出，技术创新是推动绿色经济发展的重要因素，绿色经济展现了技术创新的新用途。

中国专家学者对绿色经济的探索，尽管起点比较晚，但也获得显著的成果。唐啸（2014）根据梳理世界各国有关绿色经济基础理论，发现绿色经济这个概念被分成三个阶段：第一阶段为单一的生态体系目标阶段；第二阶段为经济—生态体系目标阶段；第三阶段为经济—生态—社会复合系统阶段，由此得知绿色经济发展的方向，主要是逐渐向高效率、规模化和公平公正方向发展。高红贵、刘忠超（2013）在探索我国绿色经济发展模式下明确提出，低碳环保经济是绿色生态经济的一种，发展绿色经济的主要目的是减少二氧化碳排放、改善绿色生态和降低环境成本。循环经济本身既是一种绿色经济方式，也是促进绿色经济发展的实际方法，循环经济更为重视的是资源循环理念与回收利用资源的重要性，而绿色经济是促进经济社会发展生态性一个全新的经济方式，包含内容更加全面。庄贵阳（2016）认为，低碳环保经济的本质是提升能源利用效率并改进能源体系，关键在于利用新能源技术，实现开发水平的突破，从而达到可持续性发展目标。姚文、陈晓春（2009）认为，低碳环保经济的概念包含低碳生产、分配、流通、消费四个环节，并通过政策设计、体制创新与技术开发，促使四个环节均能够实现低碳化目标。付允（2008）指出，低碳环保经济同样可以作为一种绿色经济发展方式，其具有特定的发展方向、方法。鲍健强（2008）明确提出，向绿色经济的转型发展给经济发展、人类生活、能源消耗带来巨大转变。

2. 绿色经济的评价指标体系研究

1993年，联合国统计局建立了环境和经济核算体系（SEEA）。在该体系中，国民经济核算系（SNA）描述了生态资源、能源核算方法以及传统核算中经常存在的缺陷，使其衡量更加符合实际，并在SNA产出类别中增加了对环境和人类生存福祉的影响。联合国亚太经济社会联合会（2009）

第 2 章 绿色经济发展的相关研究

建立了基于宏观经济视角、以各行业为载体的生态效率评价指标体系。经济合作与发展组织（2011）根据经济合作组织 2009 年发展战略理事会会议的总结，建立了绿色增长评价体系。该体系分为 5 个一级指标，即经济和社会背景、环境质量、自然资产基础、环境和资源生产力、经济发展机会和相关政策，并在此基础上明确提出经济增长、生产率、劳动力市场状况等 15 个二级指标。哥伦比亚大学（2012）制定了环境健康和生态系统活动两个方面的相关指标值来计算环境可持续性指数（ESI）。美国加州政府（2013）从四个评价维度建立了绿色创新指数评价体系，即低碳经济的实现、绿色技术创新情况、能源效率利用现状、经济政策效果。全球绿色增长研究所（GGGI）（2014）结合国情和社会环境，增加了能源消耗和环境条件等要素，丰富了绿色评价体系的内容，发展了绿色经济测度体系。

王金南、王志等（2005）建立以绿色位置和绿色奉献 2 个指标值为基础，以生态省和生态市标准数据为参照对象的绿色发展实证模型，以此探究在我国各个省份绿色贡献的程度。北京师范大学科学发展观与经济可持续发展研究基地（2010）根据国家城市群绿色经济发展的客观情况，打造了绿色发展指标值评价体系。该评价体系以经济发展绿化度、环境资源承载力和政府支持度为一级测度指数，并细分化了 9 个二级度量指数和 55 个三级度量指数值。这是我国第一套比较完整的评价体系，且运用实证方法从定量分析视角进行探讨。胡鞍钢（2010）在"十二五"规划的前提下给出了合乎我国经济发展的绿色发展评价指标体系，即单位 GDP 能源消耗量、可再生和清洁能源消费比重、主要污染物排放量、单位 GDP 二氧化碳排放量、森林覆盖率等。潘完工（2011）创建经济增长绿化度、资源环境承载力以及政府政策支持度三个一级指标，进而搭建了中国绿色发展评价体系。刘纪远（2013）结合不同的国家绿色发展的具体工作经验，以自然资本、人力资本、经济资本以及社会资本为基本研究主体创建中国中西部绿色发展研究体系。曾贤刚、毕瑞亨（2014）从经济转型有效性、资源利用绿色度以及福祉实现度三个角度考虑搭建绿色经济评价体系，运用因子分析法科学研究我国的绿色发展基本情况。巩上文（2015）从产业发展、环境现状、环境治理、资源效能四个角度考虑，构建绿色生产制造发展指数值，并对其绿色发展趋势展开了进一步分析研究。朱海玲（2017）基于中国绿色经济评析体系，建立以循环经济、工业绿色发展、绿色金融以及节能排放为核心的绿色经济评价体系。

3. 绿色经济发展基础理论现行政策的探索

余学锋（2011）明确指出，发展绿色经济，政府部门应积极宣传绿色发展的核心理念，教育引导市民形成绿色消费理念，加强行业绿色投资和基础设施建设。曹东、赵学涛等（2012）认为，中国全面发展绿色经济既紧迫又现实，结合我国当前绿色经济发展的情况，明确提出要加强绿色经济基础设施建设，建设绿色农业、绿色工业和绿色服务业，引导绿色消费助推绿色经济转型发展。诸大建（2012）明确提出扩大绿色经济规模，并逐步改善现行绿色经济政策，加快中国推进绿色经济发展的进程。王玉庆（2013）建议，绿色发展可以从全产业链、制度、技术、理念、政府支持等多方面入手，制定有针对性的绿色发展战略。王晓（2013）认为，在我国，有必要从销售市场战略发展、出口贸易和投资等多方面深入剖析绿色经济发展的方式，着力打造核心竞争力。王永芹（2014）强调，提升产业自主创新能力是推进绿色发展的关键，可以从核心理念、技术、市场、制度四个方面提升产业自主创新能力。胡鞍钢、周绍杰（2014）强调，我国需要在绿色总体规划、绿色资本投资和绿色绩效考核三个方面提高效率和政策执行力，推动绿色经济发展战略的实施。秦秀才、胡楠（2016）认为，从生产、生活和组织建设等角度推动绿色发展，既是发展绿色经济的主攻方向，也是弘扬绿色生活理念的重要内容。黄泰岩、特木钦（2017）提出要优化产业布局、加强区域联防联控、推进碳排放权交易政策、促进共享经济模式发展、优化环境体系等措施。

中国的经济学者对绿色经济的探索开始深化，并对内涵界定、评价体系的选择和解决方案等方面都在不断拓展。但是，对于绿色经济的政策还没有一个明确的针对性，大多是一些非常宏观和抽象的建议，缺乏实践性和可操作性，同时忽视了不同区域之间的差异性，解决方案并未落实到具体区域的发展中，例如，以广西为研究点的参考资料和文献非常少。总体而言，世界各国经济学者在绿色经济相关领域均取得了丰硕的研究成果，并具有指导意义，但广西地区的研究还需要进一步探索和深化。

2.1.3 地区绿色经济发展战略研究现状

虽然气候变化与经济环境污染是全球性的问题，但寻找具有针对性的绿色经济发展的方法，还应当从源头地区着手研究地区内部是如何实施绿色经济发展这一重大战略才是解决绿色经济发展的重点。2006年，《斯特恩报告》为欧洲的国家和地区实施绿色经济转型提供了关键的理论参考。此外，张坤民在《低碳世界中的中国：地位、挑战与战略》中提出："我国要积极节能降耗，开发新能源技术和发展可再生资源。"此外，发展绿色经济发展战略，与环境中的库兹涅茨曲线大转折联系紧密，很多区域内的经济发展与生态环境现况正处在一个变化期，因而我国的经济学教授对两者的关系做出了很多的剖析研究。胡鞍钢（2014）强调，要高度重视创建"绿猫"的发展方式，走绿色低碳经济发展之途。姬振海（2010）揭露了完成绿色低碳经济的两种形式：一是开发新能源技术，以变化能源构造；二是提升电力能源利用效率。冯飞（2012）强调要发展绿色经济，关键的支撑点便是新型低碳工业化。冯之浚（2010）研究了发展绿色低碳经济的突破方法，认为可以先从多方位、多角度如借助自主创新的方式发展绿色低碳经济。吴晓青（2008）提及一定要通过顶层规划，创建积极主动的环境保护政策，加强发挥新技术的支持作用，同时需要重视现行政策层面对绿色社会经济导向作用。

2.1.4 绿色金融研究现状

我国绿色金融的概念是乔海曙（1999,2011）提出的。他指出，国内应运用金融的诱导优势，改变传统的生产过程，向有益于环境中的新型工厂生产体制变化，产生有益于环境中的绿色金融。张文中（2005）研究了绿色金融的实质及其发展现况。孙洪庆（2002）从各个方面讲述了为何要发展绿色金融，特别是绿色金融对绿色工程、绿色消费、绿色融资和绿色利润的必要性。王玉婚（2015）提出解决好自然环境和金融之间的关系，对于推动经济的可持续性发展是非常重要的。何德旭（2012）强调发展绿色金融是大趋势，对一个国家或地区的整个发展起到重要意义。

在我国绿色金融发展现状方面，邓莹（2010）提出，要积极主动开发绿色金融商品，促使金融行业为绿色经济发展奉献其应该有的力量，高层次地实践企业的社会责任。李卢霞、黄旭（2011）研究了绿色银行信贷这一新事物在国内的发展阶段，而且充分肯定绿色银行信贷对绿色经济发展的积极意义。刘芳（2008）提出，银行作为绿色金融的践行者，应充分运用绿色银行信贷对环境的积极意义。李东卫（2009）阐述了我国现阶段的绿色银行信贷体制存有的各种问题，必须推行一些方法以健全我国绿色银行信贷。于文夭（2009）讲述了牵制在我国绿色金融发展的几个难题，并提出了对应的对策与建议。马萍（2009）突显地阐述了银行应当采用什么样的方式，以扩张绿色银行信贷的积极意义。朱萃（2010）探讨了商业银行实行绿色金融的业绩考核难题，尤其是积极主动实行绿色债券对商业银行在各个方面的积极意义。张兆曦、赵新娥（2013）从运作模式的视角，研究了我国绿色金融所存在的优点，并科学阐述了限制绿色金融发展的关键因素。

2.2 绿色发展基础理论概述

2.2.1 绿色发展含义的研究

对于绿色发展理论的定义主要从以下两个视角展开。

第一，把研究立足于经济发展，以追求经济发展为研究的根本目标，认为绿色发展是促进经济发展的一种方式，注重经济和生态两个全面的协调统一。

第二，绿色发展必须引入和谐的社会系统，这将作为经济持续发展的一种重要方式。推进绿色发展关键需要注重经济、生态和社会三者的协调统一。其实学者们探索的区别的本质是社会体系所处的地位。有部分学者深入研究了社会发展与经济和生态的相关关系，强调两者缺一不可，都不能忽视和舍弃；同时强调应当把社会发展视作绿色生态的后一个环节，强调绿色发展不仅是让经济水平有所提高，更是寻求一个慢慢深化的发展路径，绿色发展应当循序渐进。

2.2.2 绿色发展水平的研究

在评价绿色发展水平的诸多实验中，世界各国学者专注于探寻最理想的绿色发展的评价指标体系。目前，绿色发展的评价指标体系已被相关学者搭建出来，并被社会所普遍接纳，具体包含了绿色生态福利指标（1971）、经济福利指标（1972）和国内生产净值指标（1989）。但这些仅仅是比较初级的探索，随着越来越多的学者的深入探究，发现绿色发展水平有很强势的异质性，不同的地区有很多不同的影响因素，国家各地区需要因地制宜，依据自身的发展情况来制定出符合自己的绿色发展指标，主要可以分为以下几个方面：

一是经济发展趋势视角。该视角以经济发展为主要目标，但不是唯一目标，考虑资源环境、社会进步、生态文明建设并结合起来与经济发展指标形成一个综合指标。例如，综合分析绿色 GDP 指标和净经济福利指标。

二是生态环境保护视角。该视角是探究绿色生态与经济系统的相互作用，分析人类的经济活动对生态环境造成的影响。例如，绿色指数和可持续发展指数。

三是能耗视角。该视角类指标以资源消耗量作为重要评价标准，从现有能源储量、类型结构、应用数量、开采与恢复等角度进行定量分析。例如，世界替代能源指数和世界能源建筑设计绩效指数。

四是社会发展视角。该视角以社会进步为目标，注重人类活动对生态环境的影响以及人们积极的环境保护行为所推动的绿化程度。例如，绿色消费者行为指数和绿色政策指数。

2.2.3 绿色发展效率的研究

很多学者深化对绿色发展的研究，进一步研究了绿色发展效率，如 HuJL（2006）、ZhouP（2007）、涂正革和王艳（2008）等。目前，国内大部分学者使用非参数 DEA 模型的方式计算绿色发展效率，由于省去估计参数、数据标准化、计算权重和等流程，所以得到的结论更加符合现实。学者们的研究内容与角度具体包括以下几个方面：

首先，在计算绿色发展效率时，学者们不仅要考虑到要生产的产品是否符合预期，还要考虑其会不会对生态环境产生不利影响。例如，三废和其他污染物。近年来，世界各地的学者也开始着手研究非预期的产品对环境产生的负面影响。例如，杨龙和胡晓珍（2010）测算综合性空气污染指数值作为非预期产出率,并将其加入 DEA 模型中;王兵、吴延瑞(2010)将影响资源环境的因素纳入生产率指数的计算,利用 SBM 函数测度环境效率和全要素生产率。

其次,很多学者对资源环境要素的考虑存在一定的主观因素,如杨龙、胡晓珍等学者只考虑了空气污染,不涉及资源投入;而 HuandWang 正好相反,仅考虑能源资源投入而忽略空气污染;涂正革和王兵在研究无预期产出时,自变量只选择了废气污染。一些学者在自变量的选取上还有待完善。

最后,处理环境污染的模型有很多,如 BCC 模型、CCR 模型、SBM 模型。周梁璐(2017)计算绿色发展效率时间,使用 MBS 模型的情况较多。韦文雪(2014)在计算能源效率值时应用超效率 SBM-Undesirable 模型。胡彪(2015)基于无用 SEM 输出模型评估周围环境的效率。

2.2.4 绿色发展差异和影响因素的研究

目前,国外的多数学者关注的重点是国家和地区之间绿色发展的差异性。研究成果显示,在发达国家与发展中国家之间关于经济的发展存在较大差异,而造成差异的主要原因为发展中国家过度强调经济增长的政策,而忽视生态环境治理的问题。Copeland 和 Taylor(1994)运用南北贸易均衡模型进行实证研究,认为导致发展中国家绿色发展水平低下并逐渐下降的原因是吸引外资的环境门槛相对较低。张江雪(2013)通过计算我国各地区绿色增长指数值,发现广东省平均绿色增长指数值是最大的,甘肃省的平均绿色增长指数是最小的,其主要差异原因是受社会经济发展、科技实力、地方对环境保护的影响,其中政府的支持和科技实力占据主导地位。

笔者通过对基础理论的梳理发现,学者们早就在绿色发展的研究中取得了丰硕成果。虽然学者们对绿色发展理论的定义持有不同意见,但都认为绿色发展需要在节约能源、保护环境的前提下进行,才有利于人类社会与自然的可持续发展,倡导人与自然的和谐共生。首先,在认识绿色发展的前提下,有的学者针对不同的理论来源或具体情况创造了绿色发展指标评价体系,利用绿色发展指标评价体系来评价不同的绿色发展水平,也有的学者采用数据包络分析(DEA)来计算绿色发展效率,但都是对绿色发展水平与其可持续的单一研究,没有考虑两种结果的差异大小和耦合协调性的关系。其次,在对其水平和效率计算中,大部分学者对绿色发展水平的探索均采用熵权法取值或是层次分析法,但此方法过于简易且信息内容缺失比较多。此外,对绿色发展效率的探索采用数据包络分析法中的径向角度模型,但此方法没有包括非期望产出值。最后,在对绿色发展水平或是效率的研究过程中,学者们更偏向差异分析,但仅偏重于横向的区域差异分析。基于此,本书将对以上研究不足进行完善。

目前,学者们对于绿色发展的研究已取得了丰硕的成果。虽然对绿色发展理论有不同的定义,但都认为绿色发展需要在节能环保的前提下进行,这样人类社会与自然才能可持续发展。此外,有的学者采用回归方法或计量经济模型分析找出造成差异的主要原因和影响绿色发展差异的重要因素。但是,这些研究还存在一些不足。

2.3 生态文明与可持续发展理论综述

2.3.1 生态文明理论

1. 生态文明的含义

生态文明指人们在社会经济发展活动中,遵循自然发展规律性、经济发展规律性、社会发展规律性、人本身发展规律性,积极主动改善人与大自然、人和人、人与环境之间相互关系,为推进社会经济发展的可持续做出努力并取得一定成果。生态文明的含义涵盖了许多因素,主要包括生态资源、生态环境、生态消费、生态产业、绿色生态制度、生态科技、生态文化等七个基本要素。这七个基本要素是生态文明最基本的组成单位,它们之间相互作用、相互影响催生出了生态文明。

2. 生态文明理论的发展

在工业文明之后,生态文明是新发展起来的一种形态,在发展过程中注重人与自然的关系,注重保护自然环境,实现可持续发展。西方学者对生态文明理论发展的研究主要分为三个阶段。

一是生态问题预警阶段。1960年以前,生态问题还没有严重到阻碍人类社会发展。所以这个阶段只是关注对生态问题的预警。例如,通过《瓦尔登湖》《醒来的森林》等作品的出版来警示我们要保护环境。不过此时还没有上升到生态文明的层面来讨论生态问题。

二是全球环境问题研究阶段。1960年之后，环境问题越来越突出，一些生态问题研究理论开始增多。1962年，美国学者蕾切尔·卡逊出版了经典著作《寂静的春天》，展示了人与自然协调发展的绿色理念，揭示了自然在人类生活中的重要性，从而唤醒人类的环境保护意识，开启了人类保护环境的序幕。

三是生态文明理论的全面发展阶段。20世纪70年代以后，能源工业的蓬勃发展，逐渐对生态环境的保护产生一些负面影响。越来越多的科学家不得不开始着手研究生态问题，进一步衍生出生态科学、环境史和生态人类学等研究。1984年，苏联学术界明确指出，生态文明是生态文化的发展，但这不是一种新的文明形态。1995年，罗伊·莫里森首次提出"生态文明"的定义，指出现代意义上的生态文明的概念，从而丰富了生态文明理论。

3. 中国生态文明理论的研究

中国生态文明理论的研究经历了初步探索、课题研究、生态文明体系建设和国家战略研究几个主要阶段。

第一阶段初步探索。首先，对生态文明的背景和意义两个方面做研究。20世纪80年代后期，叶谦吉首次提出生态文明的内涵。谢光前(1982)认为，由于技术的落后，所以在解决生存发展问题的时候造成诸多生态资源的浪费和环境污染的情况。

第二阶段课题研究阶段。改革开放以来，伴随着我国工业化的快速发展，造成了比较严重的生态问题。孟宪平（2007）认为，作为重要主体的共产党，其执政理念需要实现五个转变，即从不合理利用生态资源，逐步过渡到提倡知识资源的理论增值；加快转变集约化生产方式基础建设；改变意识与自然的关系，摒弃单向需求的观念；从修复自然环境到绿色生态治理；从大自然的主人到大自然朋友的善意。其中，政府部门、环保组织和社会公众要发挥生态文明建设的主体作用。

第三段和第四阶段是生态文明体系建设和国家战略研究阶段。"五位一体"总体布局成功将生态文明建设纳入国家发展建设战略中。生态文明基础建设致力于打造我国生态绿色发展新风尚，从生态环境保护、资源开发和土地利用规划等方面逐步推进自然生态的充分利用和开发。我国幅员辽阔，就不同的区位优势而言，生态文明基础建设也呈现多元化的发展趋势。因此，统筹可持续规划、协调发展将对国内生态文明的形成产生十分重要的影响。

2.3.2 可持续性发展理论

1. 可持续性发展的含义

二十世纪六十至八十年代，可持续性发展的概念是通过经济发展和生态文明建设在不断地争执中开始逐渐明确起来，可持续性发展的含义从产生到完善、从理论到实践，自始至终都与生态环境的保护拥有不可缺少的关系。可持续性发展指既达到当代人的追求，又不对后代人的发展构成危害。可持续性发展的内容较为广泛，包括了经济发展、社会发展、资源、自然环境、人口数量等诸多方面。可持续性发展也包括了两个最基本的含义，即发展和可持续。

发展是可持续发展的前提条件与基础，延续性是发展的关键所在。要是没有发展，也就没有必要探讨是否可持续了；没有持续性，发展也就无从说起。发展主要包括两个方面：首先，发展应包括人类社会发展和财富的增长发展，因此经济的发展是一切发展的前提。其次，发展是一个国家和地区内部制度和经济前行的必经之路，它以每一个人利益的提高为基准，从而实现整个社会全面进步。

持续性主要包括两个方面：首先，环境的承载力和自然资源的总产量非常有限，这两种稀缺资源相互影响、融合，形成了经济发展的约束条件。其次，在所有发展的过程当中，国家不但要了解民众的个人利益，还要考虑后代的利益，既要顾及当代人的利益，也要为后代的发展留出空间与资源。

伊思·莫法特（2002）认为可持续性发展理论的演化，从始至终同这些探讨环境国际、国家和区域性的发展具有密切关系，需要考虑区域因素。从1972年在斯德哥尔摩召开联合国组织人们环境大会以及所公开发表《人们环境宣言口号》，到1999年在里斯本召开的联合国环境与发展会议以及所公开发表《环境与发展宣言》，再到2002年在约翰内斯堡召开的联合国可持续性发展首脑会议以及所公开发表《政治宣言》，都表明绿色生态环境的维护是促进可持续性发展战略的前提条件与基础。随着时代的发展，可持续性发展涉及的领域十分广泛，而发展的理念、方式、道路与目标有了更深层次的含义。可持续性发展早已成为了一个包含环境、经济、人口、社会与资源等因素的一个综合发展核心理念。

2. 可持续性发展的本质

进入20世纪，科技革命不断兴起，虽然在此推动下世界的经济得到了高速的发展，但也产生了一系列的问题。比如，资源的过度开发、人口过剩、环境污染等。1972年，联合国召开了人类环境会议，在会上第一次正式讨论可持续发展理论。1987年，经过世界环境与发展委员会多次的研究和讨论，将可持续发展定义为：可持续发展是一种既能维持现代人类发展需要又不影响子孙后代生活的发展方式。可持续发展涉及发展的方方面面，即追求经济、社会、生态的和谐统一。人们在注重经济发展的同时，还要注重绿色生态建设，最终促进人的全面发展。

可持续发展的关键在于不仅要注重数量也要注重质量，需要科技创新来改变传统的生产过程，解决掉传统的"高成本、高能耗、高消耗"的问题，注重发展效率，实现绿色制造和绿色生活。

经济、社会发展和绿色生态在可持续发展中发挥着重要作用。经济为发展注入持久动力，绿色生态为发展提供良好环境，改善人们的生活水平和生活质量是发展的方向。可持续发展既是正确引导经济循环发展的指导思想，也是绿色经济发展的重要基础，为绿色经济发展指明了方向。

2.3.3 环境库兹涅茨曲线

环境库兹涅茨曲线形成的原因主要有以下三个方面：

（1）经济结构。传统农业、工业、服务业三大产业对自然资源的利用以及对环境造成的影响是不同的，农业和服务业对环境污染较小，工业对环境造成的污染较大，当经济结构由第一产业向第二产业再向第三产业迁移时，对环境质量的影响也会发生变化。由此可见，经济结构的变化是环境变化的主要原因之一。

（2）市场机制。由于资源是稀缺的，随着人类不断地消耗而减少，所以市场机制在发挥资源配置的作用也越来越大，资源的使用效率不断提高。通过技术的不断进步，一些资源可以循环利用，同时促进生产方式不断向集约化生产制造转变，环境质量逐步改善。市场主体也对环境的关注度逐渐提高，环保意识不断增强。

（3）生态环境要求。对生态环境质量的需求与人们的收入水平密切相关，消费者对生态环境质量的需求会随着收入水平的变化而变化。低收入群体对生态环境质量的关注不是很高，而高收入群体更关注于环境质量，仍然选择消费环保的产品，并自觉提高环保意识，鼓励改变生态环境。

对环境的保护与改善还需要国家制定相关的政策，相关环保部门积极实施好环境污染治理、环境污染处罚等相关的措施，政府部门加强与社会的环境治理合作，促进绿色发展水平不断提高。

2.3.4 生态文明与可持续发展的关系

生态文明与可持续发展虽有联系，但不等同，生态文明是可持续发展的重要方面。可持续发展的关键在于发展，发展是当代人关心的现实问题，讨论和谋取人类发展亦变成当代哲学的主题。但是我们不可以摆脱人与自然的关系，离开人与自然，发展问题无异于纸上谈兵，且不切实际。学者们紧紧围绕生态文明和可持续发展的关联，展开深入探索。周敬宣认为，生态文明为可持续发展带来了新的思想根基和精神支持。生态文明使人们热爱自然，对自然万物产生一种亲切情感，从而使人们爱惜自然资源，让人们从心灵深处意识到自然资源是有限的，并不能无限开发运用。我国的可持续发展需要把生态文明作为思想根基和精神支持，并在技术革新和机制创新中坚持不懈保护生态文明。生态文明为可持续发展既带来了有利影响，也影响了大众的社会道德意识，加快了社会道德建设的进程。此外，将生态文明纳入道德范畴，在生态文明规范和约束下，让科研人员提高对生态科技的探索的热情，推动生态文明成为可持续发展的一个有力支撑。

有的专家学者认为，生态文明是促进可持续发展的必然要求。因为生态文明本来就是自然发展到一定阶段的产物，人类也是自然的一个重要组成部分，所以人类的生产活动都要遵守大自然的规律，使人类与自然和谐发展。有的学者针对生态文明与可持续发展的关系还持有另一种观点，从领域范畴看，可持续发展范围更广，包含人的发展、人类社会的发展，及其生态环境保护的协调性等；而生态文明重点在于绿色生态层面，以自然生态环境的协调为主体。从学科具体内容看，可持续发展可以归为综合型学科，包含人文科学、经济学、生态学、分子生物学等。

2.4 绿色经济与绿色金融理论综述

2.4.1 绿色经济理论

1. 绿色经济的含义

气候变暖和环境污染的问题已逐渐影响经济的可持续发展。为解决这一问题，绿色经济应运而生。绿色经济是指一种不牺牲生态环境为代价的经济发展模式，除此之外，还有循环经济和低碳经济。这三种经济发展方式的原则都是不破坏环境，但三种方式的侧重点不同，绿色经济注重生态环境的维护，循环经济注重废物再利用，低碳经济注重的是尽可能减少二氧化碳的排放，避免空气污染。

2. 绿色经济的特性

绿色经济就是一种以追求经济、环境和社会三者协调统一的新型经济发展模式。传统的经济发展方式是单一的能源消耗方式，易导致环境的破坏和污染，进而影响社会的进步和人民幸福。人类社会建设发展经济的过程中，难免会产生资源消耗和环境破坏，这是整个社会发展无法避免的问题，但经济增长和保护环境两者并不是对立的，是可以同时实现的。基于此产生了绿色经济的发展模式，这种发展模式不同于传统经济的发展模式。绿色经济是在促进经济发展的同时，保护环境，实现可持续发展。生态环境的保护和改善离不开物质条件的支持，经济的发展需要建立在良好的自然生态环境之上。因此，追求经济、自然环境和社会的协调发展才是我国未来要走的道路。

3. 绿色经济发展的相关理论

一般对绿色经济发展的评价都是先从发展水平和发展效率入手，但是很多情况下学者们将绿色经济发展水平和绿色经济发展效率进行分析时，有的学者只关注绿色经济发展水平，有的学者只关注绿色经济发展效率。要想全面、科学解释绿色经济发展，就必须坚持绿色经济发展水平和绿色经济发展效率的统一。绿色经济发展不仅体现在量的增加，更需要注重提效，只有深挖、提质增效，才能真正推动绿色经济发展。尤其是在广西相对发达的地区，绿色经济发展的规模要大，而且质量也要高。因此，本书主要从绿色经济发展水平和绿色经济发展效率两方面对广西绿色经济发现状进行梳理，从总量和质量方面推进广西绿色经济发展。

（1）绿色经济发展水平。在社会经济学名词中，发展水平是反映一定时间跨度到某一事物所能达到的规模和水平。绿色经济涉及面广、层次多，绿色经济发展水平高低不一，经济发展水平可以说是几个因素综合作用得出的结果。同时，笔者在对梳理相关的资料文献后发现，大多数专家学者在构建评价绿色经济发展水平的评价指标体系都是从多方面考虑综合评价指标。因此，这种评价方法得到的发展水平值通常既是绿色经济发展的规模类型，也是一种评价和定量描述，具有一定的普适性、完备性和外部性。严格地说，绿色经济发展水平主要是指绿色经济发展规模，它侧重于对绿色经济总量的综合评价，即对绿色经济发展实力的综合评价。

笔者通过整理文献发现大部分的专家学者均采用熵权法、层次分析法来建立绿色经济发展水平的评价体系。因此，本书在专家学者研究成果的基础上结合实际发展状况，选择了最优的发展水平评价指标体系和测度方法，对绿色经济发展的综合实力进行了分析和总结。

（2）绿色经济发展效率。绿色经济发展效率是指在一定的经济成本的基础上所能获得的经济效益。经济发展效益包括社会发展效益和资源环境效益，当资本投入的资源成本和非资源成本最低，能获得最大的社会经济效益和最小的环境污染时，绿色经济效率最好，反之亦然。从这个角度看，绿色经济发展效率是一种针对"质"的评价，能够反映出绿色经济发展水平的高低。

大多数专家学者都是选择使用数据包络分析方法来衡量绿色经济发展效率，但评价方式不够客观和全面。因此，本书以非期望产出作为衡量经济发展绿色效率的指标，对绿色经济发展效率进行分析总结。

（3）绿色经济评价方法。绿色经济评价方法既可以根据研究对象和评价指标体系来择优选择，也可以根据情况选择多种评价方法。黄羿（2012）构建了较为完善的广州市2000—2009年的绿色发展评价指标体系，从宏观、中观、微观三个层面选取相应的指标值，并采用熵权法对相应指标计算最终得分。聂喜亮（2015）测算了2005—2011年全国地级以上城市绿色经济效率，从东、中、西部三个地区分析了绿色经济效率的区域差异，最后运用Tobit模型揭示大城市绿色经济效率的影响因素，进一步丰富绿色经济评价方法。孙金岭（2019）以研究2006—2016年"一带一路"的重点省区，应用非预期产出的 DEA 模型测度绿色经济效率值，运用 Malmqiust 指数计算全要素生产率指数，最后根据 Tobit 模型分析影响绿色经济效率的因素。汪陈（2021）选取安徽省 16 个地市为研究对象，运用主成分及因子分析法对三个系统层和 16 个三级指标作出评价，并采用空间自相关分析其空间布局，为安徽省绿色经济转型和发展带来更多分析视角。

笔者通过梳理文献发现，专家学者多从绿色经济发展水平、绿色经济效率、绿色经济时空格局等视角来构建绿色经济评价体系，专家学者大多采用层次分析法、主成分分析法、主客观赋值法和熵权法测度绿色经济发展水平。数据包络分析方法被广泛用于测度绿色经济发展效率，探索性空间数据分析（ESDA）模型常用于空间布局评价，在分析广西绿色经济发展的空间差异和空间演化特征的基础上，科学合理地选择了一种准确的评价方法来测度广西绿色经济发展。

4. 绿色经济发展的趋势分析

绿色经济涉及生产、生活和环境三个方面，而各地区也要采用相匹配的发展方式。各地区需要强化措施，制定合理的绿色经济发展路径，才能实现经济发展、社会的进步、资源环境改善等目标；政府部门要制定行之有效的绿色发展可持续政策；行业代表要进行绿色技术和制造创新理论的改革，有利于实现绿色产出；群众要形成绿色发展的核心理念，绿色消费、践行环保理念，从小事做起，共建"绿色家园"。

从政府层面，政府拥有管理决策的权力、治理公共事务的责任，有权确定怎么分配公共资源。从公众层面，政府的行为会影响公众和自身利益。所以，政府部门是绿色经济发展的引领者、政策的实施者、行为的监管者。与此同时，企业作为市场经济体制的主体，必须响应并一直坚持以创新作为推动发展第一动力。此外，企业更需要具备主观能动性，有利于提升绿色生态环境。推动绿色经济发展既为国内企业与产业发展打下可持续性发展的基础，也为推动我国社会经济发展、实现社会主义现代化强国的有力保证。

总的来说，绿色经济发展从来就不是纸上谈兵，而是要实打实地实行。政府部门为绿色经济发展给出现行政策，公司为绿色经济发展提供技术环境，群众为绿色经济发展给出行动，方能起到绿色经济在经济发展中的价值。

2.4.2 绿色金融理论

20世纪，美国将环境污染问题引进到金融研究领域中，主要研究金融与可持续发展的关系。中国的专家学者在国外的环境金融、可持续金融业研究的基础上，学习参考其研究内容，并结合我国已有的基本国情展开完善与创新的研究，最开始提出的"绿色金融"的概念，可以视作是环境金融或可持续金融的产物。

我国的专家学者主要在以下两方面对绿色金融展开研究：

一是研究绿色金融与生态环境、低碳经济、可持续发展观之间的关系。主要阐述绿色金融怎样推动产业结构向节约型社会、环境友好型社会的目标进行调节，以实现社会经济协调发展。最开始高建良给"绿色金融"下了一个定义，即为推动环境与资源的保护与社会经济发展相适应，并认为根据绿色金融的产业导向作用能够促进我国产业依照可持续发展战略，不断推进绿色化发展，由高污染、高耗能、低效益的"两高一低"产业向科技含量高、能耗少、环境污染低，如节能环保产业、循环再生产业等新型产业调整，有利于推动我国产业的转型升级、经济发展、金融行业的发展绿色生态和整个社会可持续发展观的实现。和秀星认为，金融业在所有社会经济中已经占据主导地位，应当主动发挥金融行业的中介作用，高效的正确引导资金流入环保产业，提升整个社会资源配置，达到优化产业结构的效果，以此来实现可持续发展的目标。二是发展绿色金融解决对策等方面的研究。中国在发展绿色金融解决对策方面的研究成果诸多，具体内容包括以下两个方面。

（1）创建多元化的绿色金融体系。具体包括绿色金融市场创建、绿色金融创新工具的开发及相关的绿色金融法律法规建设，这些组成了全套的经济法律制度体系。夏少敏（2008）、崔军林（2009）、李勋（2010）则是从绿色金融法律层面对健全绿色金融规章制度进行了研究，为中国建立与完善绿色金融相关法律法规提供了有利依据。

（2）重点研究绿色信贷。由于绿色金融在中国的发展还相对迟缓，中国的绿色金融专用工具是以绿色信贷为主导，所以，我国绿色信贷的研究情况能在一定程度上反映出我国绿色金融的发展状况。常杪、王世汶、李冬微（2008）在《绿色信贷的实施基础——银行业环境风险管理体系》

一文中指出，现阶段，我国商业银行在执行绿色信贷政策时存有的关键问题与不足，由于对公司所承担企业社会责任和生态环境保护之间的关系认识不足，以至于在绿色信贷的审核环节中过度依赖于国家环境保护总局所提供的现有材料内容，这类被动接受方式会严重影响绿色信贷政策在我国执行的效果。所以，针对该问题，他们给出了银行部门需要在有选择地参考国外经验的同时，依据其本身发展的特征，如针对不同公司的环境风险的差异，对企业风险进行评价和定级，创建企业市场风险评级系统，或者根据公司工程项目的环境风险的差异，制定每个新项目的风险监管系统，用于指导银行日常绿色信贷工作。尹钧惠在《发展循环经济的绿色金融支持体系探讨》中提到，在绿色经济的大环境下，考量科技进步和产业结构升级的重要因素再也不是劳动效率，反而是资源生产效率，金融企业应当通过健全金融制度的基本建设，运用金融机构、金融市场和贷款担保市场对从事绿色环保的中小企业提供资金支持，并加强废弃物循环利用产业的支持力度，推动产业结构向以资源生产效率高的环保产业进行调整。

但不可否认的是，绿色金融是一个综合性体系，不仅包括了绿色信贷，还包括了多元化的绿色金融工具的使用和开发。我国的绿色金融体系正在逐步地完善过程中，而研究也应该向范围更广的范畴进行拓展。

2.5 区域经济与区域发展理论综述

2.5.1 区域经济理论

二十世纪五十至七十时代，区域经济理论逐渐发展起来。伴随着世界各国地区经济问题的诞生，经济学者在新古典主义经济学的假定下，依据凯恩斯理论，运用宏观经济统计分析方法，对地区的内部结构、资本积累、劳动就业、技术革新与国民生产总值持续增长的关联，进行区域内产业结构升级，区际分工与区际商贸，进行区域中心城市及农村的可持续发展等有关问题的科学研究。区域经济理论开始重视经济的提高，在其中有代表性的理论主要包括：

（1）大推动理论。知名经济学者罗森斯坦·罗丹是大推动理论的推动者。该理论认为发展中国家在投资上以一定的速度与规模持续作用于各产业，强调产业间的关联互补的作用。大推动理论的事实论据和理论基本是建立在生产函数、需求、储蓄供给的三个"不可分性"上。

（2）贫困恶性循环论。美国的经济学者纳克斯认为，发展中国家在宏观经济中存在供给与需求两个恶循环。从供给角度来说，中低收入代表着低储蓄能力，造成资本形成不足，资本形成不足使生产效率无法提高，低生产效率又导致中低收入，如此循环往复形成了一个循环。从需求角度来说，中低收入代表着低消费力，低消费力造成项目投资诱惑不足，项目投资诱惑不足使生产效率无法提高，低生产效率又导致中低收入，如此循环往复又形成另一个循环。两个循环交互影响，使经济情况持续下降，导致经济难以提高。

（3）二元经济结构理论。瑞典的经济学家缪尔达尔提出了"地理上的二元经济"结构理论，认为规模经济自由化和市场经济体制自发性调整能使各地区经济获得平衡发展的观点，但不符合发展中国家的具体情况。缪尔达尔用"循环积累因果关系论"来阐述自然地理里的二元经济形成的原因以及怎么消除的问题。在他看来，一些地区受外在因素的影响，经济增速快于其他地区，经济发展就容易出现不均衡，这类不平衡的发展会引起"累积性因果循环"，使比较发达地区的发展更加迅速，发展比较慢的地区变得更慢，因此慢慢会扩大地区的经济差距，产生地区性二元结构。所以，比较落后地区的政府部门应制订对应的政策去发展本地区的经济，缩小地区经济的差距。

（4）核心边缘论。美国经济学者约翰·弗里德曼给出了地区非均衡增长的核心边缘论。弗里德曼表示，经济发展不会同时出现在所有地方，一旦出现在某个地区，在非常大的汇聚效用影响下，要素将向该地区汇聚，使该地区的经济提高，从而形成具有较高收入水平的核心区，与核心区相比，周围落后的地区称之为边缘区。在核心区与边缘区中间与此同时存在两个不同方向的作用，弗里德曼将这种作用称之为"极化效应"或"涓滴效应"，在这一过程中，极化效应通常超过涓滴效应。

（5）增长极理论。"增长极"的定义是由法国经济学者弗朗索斯·佩鲁最先提出的，佩鲁把经济空间内在一定阶段起促进作用的经济单位（产业链）称之为增长极。作为经济区域的增长极，它不是一个空间区位，反而是处在经济空间顶点上的一个或一组推动型经济单位，其本身有较强的创新能力,并且通过外部经济与产业之间的关联乘数促进其他产业的增长。

2.5.2 区域发展理论

在中国,与区域经济协调发展有关的探索起源于20世纪50年代的区域划分工作中,以土地综合开发治理为主要特征。改革开放初期,我国区域经济发展以平衡发展战略为主导,尽管放弃了高的经济效率,但地区差异并不明显。改革开放后,非均衡理论变成指导思想,随之在"六五"阶段开始实行了沿海地区开放发展战略,促使沿海地区获得了迅猛发展,但造成东、中、西三个地区的地域性发展差别。

郑长德（2009）最先给出了提高区域经济发展质量的重要性。先从需求结构、产业结构和要素投入等多个方面阐述了区域发展方式的特点,并在此基础上,给出了区域转变发展方式的解决对策。郑长德认为,在区域经济发展中,以投资消费为主体的内需驱动力较大,第二和第三产业是经济发展的主要动力,但是区域经济发展方式仍是高污染和高排放粗放型增长的方法,只有提高经济发展质量才可以从源头上推动区域经济长期稳定的提高。

第 3 章

广西绿色经济发展的现状分析

3.1 广西绿色经济发展的总体情况

3.1.1 广西发展的概貌

广西坐落于中国西南地区，与广东、湖南、云南、贵州接壤，既是中西部地区至关重要的交通枢纽，也是世界著名的山地旅游大省，更是中国首个国家级别云计算技术综合型试点区、我国生态文明建设试验区。

广西地形由西北向东南倾斜，四周多被山地、高原围绕，呈山间盆地状。山间盆地边沿多缺口，桂东北、桂东、桂南临江一带有大面积山谷。广西属山地丘陵盆地地貌，分中山、低山、丘陵、台地、平原、石山。中山海拔为800米以上的山地，面积5.6万平方公里，占总面积的23.7%；低山海拔为400～800米山地，面积约3.9万平方公里，占总面积的16.5%；丘陵为海拔200～400米山地，面积约2.5万平方公里，占总面积的10.6%；台地处于平原与丘陵中间、海拔为200米以下地域，面积约1.5万平方公里，占总面积的6.3%；平原为谷底宽5公里以上、斜度小于5度的山谷平地，面积约4.9万平方公里，占总面积的20.7%；石山约4.7万平方公里，占总面积的19.9%。中山、低山、丘陵和石山面积约为广西陆地面积的70.8%。广西属于亚热带季风气候，气候全年度高温多雨、温度变化小、冬冷夏热，气候适宜。广西矿物资源品种繁多，储量丰富，有"有色金属之乡"之称，是中国10个重点稀有金属主产区之一。广西河流诸多，全长约3.4万千米；水域面积约8026平方千米，占陆地总面积的3.4%。广西的河流整体特征体现为山坡地型多，平原区型少；流入大多数与地质结构一致；水流量丰富，周期性差异大；汹涌澎湃，落差大；堤岸高，河堤多弯折、多大峡谷和艰险；河流含砂量少；岩溶地区地底伏流普遍发育。广西的气候温和、光照充足、降雨量丰富。粮食作物主要包括稻谷、甘蔗、花生仁、大麻类、香烟等，是中国绵白糖生产制造的重要产业基地。广西出产香蕉、苹果、波罗蜜、桂圆、荔枝、青芒、沙田柚等水果，是中国热带水果关键主产区之一；广西有"特色农产品库房"的美称，生产量占中国第一的是八角、小茴香、桂丁、松脂、平菇、云耳、罗汉果等；广西保护野生动物的种群及稀有类型，均居中国前端，主要包括黑叶猴、娃娃鱼、金花茶、银杉等珍稀动植物。

1. 经济发展

2020年，广西各地市的生产总值如表3-1所示。

表3-1 2020年广西各地市的生产总值情况表

地市名称	地区生产总值/亿元	比2019年增长/%	人均地区生产总值/元	比2019年增长/%
南宁市	4726.34	4.9	54669	−11.4
柳州市	3176.94	1.6	76682	−0.5
桂林市	2130.41	1.2	43197	4.6
梧州市	1081.34	9.1	38214	18
北海市	1276.91	−0.18	69373	−9.9
防城港市	732.81	4.5	70697	−3.4
钦州市	1387.96	2.3	42054	2.8
贵港市	1352.73	7.6	31363	10.2
玉林市	1761.08	4.8	30397	6.1
百色市	1333.73	6.0	37332	9.2
贺州市	753.95	7.7	37539	11.5
河池市	927.71	5.6	27119	9.8
来宾市	705.72	7.9	33940	16.2
崇左市	809.00	6.4	38722	7.2

2020年，广西生产总值22156.63亿元，比2019年提高4.3%，人均GDP为44309元。在南宁市、柳州市、崇左市、百色市、河池市、来宾市中，来宾市的生产总值最低，但其增速很快，总产值增速为7.9%，而人均产值增速更是高达16.2%。南宁市生产总值虽然位列全省第一，但其总值较2019年相比增速不高，人均产值更是为−11.4%。如表3-1所示，近年来，广西的经济发展虽然在呈现增长的趋势，但整体发展比较缓慢，且各市地区间有显著差别，突显出广西经济发展不平衡的问题。

2. 产业发展

根据表 3-2 所示，除了柳州市及防城港市之外，其他各市在三大产业占地区 GDP 占比中第三产业占比均是最大的。其中，来宾市的第一产业占比是最高的，防城港市借助其丰富多样的矿物资源的优势，使第二产业的占比成为最高的，而南宁市借助其所在位置的优势及基础设施建设完备性的特征，使第三产业的占比成为最高。

表 3-2 广西各市三大产业与地区 GDP 比值

市（州）名称	第一产业占比 /%	第二产业占比 /%	第三产业占比 /%
南宁市	11.30	22.94	65.76
柳州市	7.27	47.25	45.48
桂林市	22.77	22.82	54.41
梧州市	16.10	35.43	48.47
北海市	16.21	38.06	45.73
防城港市	15.14	47.48	37.38
钦州市	20.39	28.10	51.51
贵港市	16.78	36.36	46.86
玉林市	19.59	26.18	54.23
百色市	19.42	39.81	40.70
贺州市	19.10	34.22	46.68
河池市	21.44	28.45	50.11
来宾市	25.07	27.20	47.73
崇左市	22.25	28.80	48.95

（1）农业

根据表 3-3 可知，广西生态农业发展状况良好，茶园面积 2020 年比 2016 年增长了 19.7%，比 2019 年增长了 1.2%。果园面积 2020 年比 2016 年增长 241.3%，比 2019 年增长 159.6%，蔬菜面积 2020 年比 2016 年增长 159%，比 2019 年增长 10.4%。广西生态农业的栽种面积在大幅上升，产量也在增加，表明广西进一步推动农业供给侧改革，绿色产品获得大力发展，生态农业发展比较快。

表 3-3 广西生态农业发展现状

指标		2016年	2017年	2018年	2019年	2020年	2020年比2019年增长/%
面积/千公顷	茶园	558.62	604.26	622.60	660.39	668.56	1.2
	果园	270.30	309.28	335.65	408.63	652.36	59.6
	蔬菜	1085.62	1156.62	1358.26	1562.39	1725.36	10.4
产量/万吨	茶叶	17.26	18.26	19.36	21.56	25.62	18.8
	水果	256.63	259.25	356.22	450.36	506.26	12.4
	蔬菜及食用菌	2056.25	2648.26	2996.23	3256.20	3523.05	8.2

（2）高科技产业

科技是第一生产力，高科技产业链具备能耗低、资源环境成本和整治工作压力比较小的特征。根据表 3-4 可知，广西高新技术企业数从 2016 年 460 个增至 2020 年的 677 个，虽然广西的技术企业总数呈逐年递增的趋势，但 2020 年的工业总产值却明显下降。表明广西经济增长的技术实力在不断提升，但略显动力不足。

表 3-4 广西高新技术产业基本情况

指标	2016年	2017年	2018年	2019年	2020年
规模以上高技术企业数/个	460	510	598	620	677
从业人员年平均人数/万人	15.61	16.54	17.23	18.56	18.98
工业总产值/亿元	1652.25	1562.31	1756.26	1802.25	1652.26
主营业务收入/亿元	1023.2	1232.61	1481.2	1266.68	1326.05
利税总额/亿元	102.6	125.23	155.3	100.23	142.23
利润总额/亿元	58.51	60.26	75.56	61.23	72.23

（3）旅游业

旅游业作为广西第三产业的重要组成之一，对广西经济发展影响的作用日益凸显。根据表 3-5 可知，近几年，广西旅游业获得"井喷式"发展，2020 年，受新冠感染的影响，旅游总收入有所下滑。此外，广西通过将产业链生态化和生态产业化的发展理念付诸行动，并取得了良好的经济效益。旅游业具有拉动经济增长、融合产业发展、改善居民生活质量的作用，旅游可以提高人民的幸福感、国民满意度，推动实现社会和谐、优化区域布局、改进城乡统筹规划、推动新型城镇化建设的作用。发展旅游业能够实现"一业促五化"，有益于推动新型城镇化、新型工业化、网络信息化、农业现代化、发展生态化的作用，故旅游业的发展水平与发展优劣情况意味着一个地区的绿色发展水平。广西拥有优越的旅游资源，特殊的喀斯特地貌、原生的生态环境、浓厚的地域风情，形成以自然美景、自然景观和民俗文化丰富的旅游资源。

表 3-5　2016—2020 年广西各地市旅游收入

单位：亿元

地市名称	2016 年	2017 年	2018 年	2019 年	2020 年
南宁市	918.67	1127.35	1387.54	1725.24	1216.45
柳州市	356.77	449.88	606.22	824.05	602.01
桂林市	637.30	971.76	1391.75	1874.25	1233.54
梧州市	197.69	245.75	349.55	470.71	331.14
北海市	288.04	368.62	504.43	700.27	514.32
防城港市	129.23	169.10	240.19	335.01	245.60
钦州市	173.64	254.55	372.26	521.83	390.98
贵港市	179.16	237.85	322.68	437.30	324.06
玉林市	281.55	419.62	581.42	809.93	570.16
百色市	261.79	336.88	458.88	628.29	454.96
贺州市	217.37	272.62	396.23	551.67	390.28
河池市	233.58	300.62	410.97	552.89	425.16
来宾市	133.79	180.97	243.02	326.10	229.82
崇左市	182.79	244.79	354.74	483.99	339.07

3. 金融发展

金融是现代经济的核心，广西不断深化金融改革创新，有效防控系统性的金融风险，推动提升金融服务实体经济效率，为经济快速发展注入源源不断的金融"活水"，助力经济社会健康发展。根据表3-6可知，2016—2020年，广西金融机构存贷款余额显著增长。

表3-6 广西金融机构存贷款余额情况

指标	2016年	2017年	2018年	2019年	2020年	2020年比2019年增长/%
地区生产总值/亿元	16116.55	17790.68	19627.81	21237.14	22156.69	4.3
金融机构人民币各项存款余额/亿元	25477.80	27899.64	29789.78	31646.01	34665.55	9.5
金融机构人民币各项贷款余额/亿元	20640.54	23226.14	26688.31	30497.39	35196.77	15.4
人均地区生产总值/元	33340	36441	39837	42778	44309	3.6

4. 能源构成与消耗利用

绿色经济发展要在能源和环境约束下实现新式经济增长，能否高效利用能源以及是否可以有效开发新能源都是检验地区绿色发展质量的重要因素。根据3-7可知，广西在能源总产量构成中电力及其他能源从2016年的占比48.2%上升至2020年的63.4%，这是因为广西的水电工程资源丰富且开发工作不断推进，故水电在能源在总产量中的占比呈逐年上升的趋势。

表3-7 2016—2020年广西能源生产量的构成

	2016年	2017年	2018年	2019年	2020年
原煤/%	51.3	44.4	44.1	40.5	36.0
原油/%	0.5	0.5	0.5	0.6	0.6
电力及其他能源/%	48.2	55.1	55.4	58.9	63.4

广西现阶段的能源消费以煤炭与电力为主，且煤炭消费比例和电力消

费比例呈逐年递增的趋势，对于石油的消费占比却呈逐年下降趋势，如表3-8所示。

表3-8 2016—2020年广西能源消费量构成

	2016年	2017年	2018年	2019年	2020年
煤炭/%	46.1	45.4	47.1	48.8	48.2
原油/%	17.4	17.0	15.9	13.8	12.7
电力及其他能源/%	36.6	37.7	37.0	37.4	39.0

广西的每万元地区生产总值消耗能源从2016年的0.63吨标准煤降低到2020年的0.53吨标准煤，每吨能源消耗实现的地区生产总值也从2016年的15941元上升到18767元。这表明广西的经济发展质量持续改善。

表3-9 2016—2020年广西能源利用效益

	2016年	2017年	2018年	2019年	2020年
每万元地区生产总值消耗能源/吨标准煤	0.63	0.59	0.55	0.53	0.53
每吨能源消耗实现的地区生产总值/元	15941	17015	18135	18844	18767

5. 污染控制

绿色发展不但要节能降耗，还需要污染控制，就是要利用降低污染生态环境的各类因素来保护环境。而实现污染控制的方式就是立即减少污染物，例如，控制工业生产"三废"、解决生活污水和城市生活垃圾等，还可以通过发展服务业、新型产业和生态农业等方式从根源上断开对环境造成的污染。近几年，广西坚持"多彩的广西"，杜绝污染，用更加严格的环境准入条件，进一步守护广西的生态。根据表3-10可知，2016—2020年，广西工业固体废物倾倒排放量从1.87万吨级下降到0.65万吨级，降幅达65.2%；工业二氧化硫排出总量从70.89万吨级下降到38.65万吨级，降幅达45.5%，而工业废水排放总量呈现先下降又升高的趋势。这表明广西在社会经济发展中，对环境污染有较好的控制，但化工废水的排放量仍然比较大,且没有开展有效地管理及整治,必须进一步提高废物循环利用率。

表 3-10 2016—2020 年广西工业"三废"排放量

指标	2016 年	2017 年	2018 年	2019 年	2020 年
工业固体废物倾倒排放量 / 万吨	1.87	1.59	1.46	1.06	0.65
工业废水排放总量 / 亿吨	11.87	11.65	10.06	11.78	12.98
工业二氧化硫排放总量 / 万吨	70.89	60.02	42.16	45.9	38.65

3.1.2 广西经济发展水平与环境质量的分析

1. 广西经济发展水平分析

评价一个地区经济发展水平如何,大多采用与经济生产情况相关的指标来加以衡量,如各类产业结构占比、产业增长值、固定资产投资额度等。地区的经济发展水平将会对地区的环境污染、绿色发展等方面产生深远的影响。因此,本书为进一步从广西宏观经济运行情况、产业结构以及固定资产投资情况等方面,综合分析广西经济发展水平,为研究其经济发展与绿色发展的相关关系奠定基础。

首先,就广西经济发展而言,其宏观经济发展水平对国家整体发展至关重要,结合其所处的地理位置,广西作为中国中西部地区的主要省份之一,不仅影响西部地区的经济发展水平,同时对国家的整体发展动力也起着重要性。1995—2014 年,广西的社会经济总量维持着稳定的增长速率,通过近 20 年的持续增长,广西平均的 GDP 增长约 9 倍,实现了地区经济跨越性的蓬勃发展。随着国家政策的大力支持,广西地区农业、工业等多产业获得了显著的发展,经济持续向好的方向发展,同时广西地区人均可支配收入也实现了增长。2022 年,广西全年人均地区生产总值超过 5 万元,比 2021 年增长了 2.6%。广西总体经济呈稳步增长的趋势。

其次,从产业结构方面,2014 年,广西三大产业增长值占我国民生产总值的比例分别是 15.4%、46.8% 和 37.8%。从这一比例来说,广西现阶段的产业结构还有不足:一方面,广西归属于农业重要地区,相比与其他各地农业占 GDP 比例比较大,第一产业、第三产业相比第二产业对 GDP 的占比比较大，从而为广西完成向绿色发展转型打下了坚实的基础。另一方面，广西第二产业增长值的比例自始至终未超过50%，工业生产发展起步无力，同时也制约着广西经济的高效发展。制造业的相对滞后会导致整个经济发展缺乏充足的驱动力。与此同时，广西地区部分生产制造型产业以及部分服务业的发展水平有待提升，发展动力不足阻碍了广西经济的持续发展。因此，广西产业布局较为合理，但动力不足需逐步发展完善。

最后，通过分析固定资产投资规模与结构的变化，把握区域经济发展水平。广西固定资产投资规模呈现增长趋势，2013年，广西固定资产投资额已超过10000亿人民币，截至2022年底，广西固定资产投资比2021年度增长了0.1%。此外，进一步分析广西固定资产投资的结构，从产业结构来看，在广西的固定资产投资中，一、二产业均有明显的增长，同时第二产业的增长幅度最大。2022年，第二产业投资增长了近28%，第一产业增长仅有2.2%，而第三产业的固定资产投资有所下降。由此可见，广西的经济产业结构以第二产业为主，对第三产业的固定投资额度有限，增长动力不足。此外，在具体的投资内容中，基础设施的投资增加了10%，就固定资产投资的来源而言，社会领域的投资增长了12.5%，而民间固定资产投资额度有所下降，这主要由于受到新冠感染的影响，民间的资本存量有所降低，导致投资的资金有所减少。随着社会的不断发展，整个经济环境的不断稳定，广西的固定资产投资规模将不断地扩大，固定资产投资结构将不断趋于完善。与1995年相比，广西产业的投资结构也逐步完善，发展了14个千亿产业。与此同时，广西高度重视培养新型产业，推动了广西工业化发展和地区经济的高速发展。从投资的具体行业来看，广西更加重视和制造业和第三产业的投入。

从整体来看，广西从总产量和结构上都实现了高速发展，为国家经济发展作出了杰出贡献。然而，还需要值得关注和重视的是，广西在经济社会发展中仍存在许多需要解决的问题，比如，广西的经济增长方式以传统的高能耗、高污染为主，由于其在社会生产结构当中存在较多的污染型的企业，而该类型企业的生产方式尚未进行绿色转换，不利于当地的绿色经济发展。此外，就产业结构而言，广西地区的经济发展以第二产业为主，第三产业的比例有限，其丰富的生态资源尚未得到有效的开发和利用，旅游业的发展还需要进一步的深化，推动绿色型产业的发展才能够长远的促进当地的绿色经济发展。在企业的生产过程当中，绿色化的转型需要绿色创新技术的支持，广西还需加强对绿色技术人才的吸引，通过对绿色项目的政策倾斜和资金支持，引导资金更多的流向绿色发展型项目，促进当地绿色经济的高效发展，实现绿色产业结构的转型升级，为当地的可持续发展提供有力支撑。绿色经济的发展不仅需要产业结构的优化调整，还需要社会整体思想观念的变化，在社会当中正确树立绿色发展理念、规范人们生产和生活的方式，才能激活绿色经济持续健康发展的内在动力。

2. 广西环境质量水平分析

广西环境质量水平的衡量指标主要是从环境污染的角度进行环境质量水平的分析，具体包括依据污染物的状态进行分类，如水污染、大气污染、工业固体废物的排放。

第一，水污染。水污染主要以工业污水和废水为主，广西地区在工业生产过程当中，工业的生产制造以及一系列工业生产产品所产生的污染物若不加强处理，将对水体产生大规模的破坏和影响，同时不利于附近居民的居住环境，并对附近居民的身体健康造成一定的威胁。根据广西的水污染统计数据，进一步分析可知，广西的工业废水的排放量呈现先升高后降低的趋势，2008年之前，广西工业废水的排放量呈现明显的增长趋势，随着工业的快速发展，大部分重工业的生产制造所产生一系列的污水、废水以及生产废料的排放均对环境造成一定的不良影响。2008年之后，广西工业污水的排放量有所下降，这主要是由于在2008年经济危机之后，部分重工业型制造企业面临倒闭，随着整体工业生产制造的减少，工业废水的排放量有所降低。由此可见，广西工业污水排放量与产业规模息息相关，大多企业尚未进行绿色化的转型升级，经济增长与环境保护的友好关系尚未建立，对江河等自然环境的治理和保护能力还有待提高。

第二，大气污染。根据大气污染物的具体物质状态的不同，可分为两类，分别是以烟尘为主导的气溶胶状态的污染物、以气体状态为主的污染物，如二氧化硫、一氧化氮等化合物。广西在大气污染物的排放方面呈现出急剧的上升趋势，这主要与当地的产业结构有关，由于广西的工业污染大多是火力发电，化工厂、炼油厂等产生大气污染的企业较多，随着此类企业规模的发展，对大气污染造成了严重的影响。同时，由于其发展方式大多为盲目、粗放式的发展，同样将给广西的空气质量带来严重的危害，现阶段广西发展工业大多以牺牲空气质量为代价。尽管广西的有关政府部门已颁布了各项规定，加强对空气污染的管理，对各类企业的气体污染的排放进行了明确的规定，但是时间相对较长，在这个过程当中，需要企业去规范自身的行为，进行绿色化的生产转变，加强自身的责任，优化排放方式。随着广西地区不断明确气体的排放标准和优化污染物气体的排放流程，广西的大气污染物的排放量将逐渐趋于稳定，2011—2013年，广西工业有机废气的排放量，基本维持在30000亿标立方米。随着后续大气污染物排放政策的颁布，将逐渐降低工业对于空气的污染。

第三，工业固体废物的排放。工业固体废物主要是指在工业生产活动中所产生的固体废物，包括所在工业生产中所废弃的一些固体物质。广西的工业固体废物排放量增长较快，1995—2013年，固体废物排放量已累计增长超过四倍。从源头上广西地区应通过绿色技术创新，加强对固体废物的预处理，降低固体废物排放量，同时提高固体废物的循环利用率至关重要。广西工业传统的高污染、高消耗的生产方式并不可取，将会产生更多的工业固体废物，大多支柱型企业，如造纸，工业制糖业等废物的处理难度较高，还需要加强技术研发，为固体废物排放量的减少提供有力支持。

综上所述，从水污染物、大气污染、工业固体废物的排放三个指标衡量广西的环境水平质量可知，现阶段广西环境质量还有待提高，由于存在较多的工业废水、大气污染和固体废物排放，现阶段广西地区的环境并不如人意。究其根本原因，主要是因为工业的生产方式还未进行绿色化的转型，因而所产生的污染对环境的损害较大，造成广西的生态保护水平较低的现状。

3.1.3 广西发展绿色经济的必要性

笔者通过对广西经济发展情况和生态环境质量的考察分析，可知广西现阶段经济发展水平较高，但生态环境的保护力度有待提升，生态的保护效果尚不明显，经济增长与环境保护友好正向关系尚未建立。根据广西现阶段的经济发展情况和生态环境问题，广西现阶段还存在不足。所以，广西发展绿色经济至关重要，需要改变传统的经济增长方式，尽快达到绿色经济发展的转折点，推动经济发展与环境保护齐头并进。在促进经济发展的同时，改变以往的发展方式，加强绿色化的发展转型，持续推动广西的绿色经济发展的增长动力。在我国对环境的保护压力下，促使广西向绿色经济转型发展，通过一系列的政策扶持，引导各产业树立绿色发展的目标，在推动广西绿色经济发展的同时，还可以促进广西生态环境的优化。目前，广西的产业结构大多以第二产业为主，产品的加工流程较为复杂，所产生的污染能耗较重。虽然短时间内提高了广西的经济，但从长远角度看，更多的是牺牲了广西的自然环境。这就需要广西加强对于污染物的处理，保护生态环境。

3.1.4 广西推进绿色经济发展的实践探索

1. 北部湾经济区

北部湾经济区既是广西推进绿色经济发展的重要实验区，也是广西发展的重污染区，这主要是由于其所处区域面临高污染产业较多，人口数量较大，同时城镇化的发展对当地的生态环境也造成了一定的压力。所以，该区域如何进一步在环境的承受范围内推动绿色经济发展显得尤为重要。北部湾经济区包含了南宁市、北海市、防城港市等多个区域，需要结合沿海区域的优势，不断增强其发展的动力，并充分探索适合北部湾经济区的发展方式。结合目前北部湾经济区具体的发展现状而言，其区位独特优势已较为突出，而且发展的产业重点集中在电子信息产业、旅游业、深海产业等。北部湾经济区的绿色经济发展主要包括以下几个方面。

首先，提高区域的创新能力。北部湾经济区具有独特的自然环境优势和地理优势，在此基础上结合城市内在特点，提高区域城市的创新能力，打造特色的产业和特色文化品牌，提高城市的竞争力，为改善群众的生活环境、优化城市建设采取行动措施。

其次，在原有的基础上开拓创设北部湾经济发展区，打造区域新特色，探寻发展的新亮点。比如，电子信息技术是北部湾经济产业的一个特色，相较于以传统发展方式为主的重工业产业，它拥有更加节能、低污染的特点。因此，北部湾经济区的发展既需要借助优势产业的发展先行，也需要不断增强自身优势，补足短板。

再次，加强交流开放与合作。北部湾经济区的一个显著特点在于其开放性，通过抓住中国—东盟自贸区全面启动所带来的挑战与机遇，引导广西地区充分运用北部湾经济区在广西的开放布局当中的重要作用，坚定不移的实施开放战略，完善多层次的开放沟通交流及合作机制，借助外力作用推动当地经济绿色建设。通过建立与国外的友好合作关系，增强贸易往来，秉持合作共赢、相互尊重、共同进步的基本原则，优化广西地区的贸易结构，增加区域贸易额，推动当地经济的发展。同时通过适时调整开放和协作战略，吸引更多的资金流向绿色产业，有利于提高区域对人才的吸引力。

最后，发展优势旅游产业。北部湾经济区具有丰富的旅游资源，其北海市和南宁市都是旅游的热门城市。因此，在北部湾经济区发展建设过程中，通过加强对旅游资源的开发，打造热门的旅游景点，借助区域的优势产业。通过对热门旅游景点的包装，明确定位，为绿色发展增加动力；开发一系列先进的旅游产品，增加城市的竞争力和吸引力，有利于提高当地城市的知名度，从而带动当地的消费能力，并推动北部湾经济区的绿色发展。

2. 西江经济带

西江经济带包括了位于广西西江水道所构成的各个市区，具体有南宁市、梧州市、百色市、来宾市等多个地级市，西江经济带的发展重点与北部湾经济区的发展重点有所不同，北部湾经济区更加侧重于经济发展要以开放为主，而西江经济带的经济发展重心侧重于维护西江流域，加强对于西江水域的保护，这是西江经济带发展的关键所在。

就西江发展的具体情况而言，大多城市起步较晚，仍然存在基础薄弱的问题，在发展中面临荒漠化等问题，推动西江经济带持续健康发展是至关重要的。西江经济带的绿色经济发展主要包括以下几个方面。

首先，创建生态流域的补偿体制。西江经济发展的关键在于对于西江水域的维护，因而设立西江流域的生态补偿体制至关重要。具体措施包括：前期对西江生态流域的规范管理，明确对应的法律法规，发挥兜底作用；中期各岗位完善职责分工，落实好监督管理工作；后期对产生的污染物和对水域的破坏进行及时的清理和弥补。在具体措施落实过程当中，广西的相关政府可通过加大对生态补偿的公共财政投入，加大政府的转移支付和财政补助，发挥经济政策的主导性作用，提高对西江生态的保护补偿力度，拉动西江经济带的高速发展动力。

其次，推动西江经济带的产业升级。在绿色经济发展过程当中，产业的转型升级和结构调整至关重要。推动西江经济带的绿色发展需要在环境资源所承受和允许的范围内,通过优先发展轻工业、物流产业、电子信息行业等绿色导向型产业,优化西江经济带现在的产业布局。一方面,通过合理的产业结构,激励地区发展向绿色化转型,优先发展低碳环保型的科技产业和技术产业。同时,还需要引导各类型的企业向优势地域进行转移,避免对西江经济带的水域造成污染和破坏,针对该类型的产业,广西的相关政府通过加大资金的支持和政策的倾斜,不断完善市场机制,另一方面,针对水域造成的污染,有关部门要加大干涉力度和监督管理,通过收购、入股等多种形式,引导企业进行污染源的源头处理。

再次,需要做好绿色精准扶贫工作。由于西江经济带现在所处的地理位置导致其基础设施建设相对较为薄弱,部分农村贫困范围广,城乡差异问题还仍然存在,所以还需提高贫困地区的自我发展能力。一方面,需要政府加大对贫困地区绿色化发展的支持力度,发挥资金的支持作用,为其绿色经济发展奠定基础。另一方面,需要当地自身提高绿色产品的竞争力和绿色企业的综合竞争实力,打造当地的特色绿色农产品、生态产品等。

最后,打造特色农业。通过运用绿色技术推动绿色农业的发展,引导当地特色农业标准化生产,形成农业建设的示范园区。普及绿色农业生产知识,推动地区农业生产方式的转型升级,在农业生产中广泛运用智能管理、智能栽培,用绿学技术攻克核心难关,提高绿色技术应用率和农业的绿色生产效率。

3. 桂西资源富集区

桂西资源富集区拥有丰富的矿产资源、水资源以及旅游资源,它位于广西的中西部,具体包括了广西的河池市、百色市以及崇左市。桂西资源富集区的资源丰富,但由于山区较多,导致基础设施建设有限、日常交通出行存在不便,总体经济发展水平较为落后。桂西资源富集区的绿色经济发展主要包括以下三个方面。

首先,桂西资源富集区的资源非常丰富,依托当地的优秀的矿产资源、水资源以及旅游资源,通过调动市场的方式,借助对资源的灵活配置可以提高桂西资源富集区的资源利用效率,促进当地资源的循环使用。同时通过有效资源的开发和利用,推动当地优质旅游业的发展,实现优势资源的最大化利用。

其次，通过提高区域的技术创新水平，加强发挥对绿色经济发展促进作用。将先进的绿色发展技术运用于资源开发的过程当中，在企业进行转型升级进程下，积极开发绿色节能型环保技术，提高资源的有效利用率，注重产学研相结合，开创绿色技术创新体系，从而提高区域绿色技术运用水平。

最后，提升区域经济发展的整体规划水平。通过对桂西资源富集区的水电资源、旅游资源、矿产资源等优势资源的综合分析考量，发展资源导向型产业，加强产业集群化管理。

3.2 广西绿色经济发展的综合评价

3.2.1 绿色经济发展评价指标体系的构建

1. 绿色经济发展评价指标体系的构建思路

绿色经济发展评价指标系作为一种新型经济模式，通常与可持续性发展、生态发展、社会经济发展紧密结合起来。构建绿色经济发展评价指标体系的思路是依据相关原则及其约束理论的基本原理，将直接影响和牵制绿色经济发展的因素作为指标体系中的一部分。本书是依据世界各国专家对绿色经济发展评价指标体系的研究综述，参照权威性的理论成果，结合广西本身经济发展的特征，构建适合广西绿色发展评价的指标体系。

2. 绿色经济发展评价指标体系的构建原则

有效构建绿色发展指标体系是得到科学评估结果的前提条件，适当科学地选取目标针对评价指标体系构建是十分重要的。构建绿色经济发展评价指标体系应遵照以下几种标准：

（1）科学性与普遍性。绿色经济注重在发展过程中生态发展与经济发展的结合，只有把生态保护和经济发展有效结合在一起的评价指标体系才算是科学的。

（2）系统性和针对性。绿色经济涉及经济发展、资源、社会、政府等多个方面，是一个比较完善的体系。所以，构建的评价指标体系应体现出系统化，在挑选指标时，要保证尽可能使指标的总数更简单，又不遗漏重要的信息。与此同时，在系统性的前提下，对于广西空间布局的特点，挑选指标应具有针对性，做到系统性与有针对性的统一。

（3）可行性和可比性。一方面，构建指标体系时，除有关理论外，还需要保证数据信息的可靠性，所选取的数据信息应当保证是从我国或是地区政府部门官方渠道选取的。另一方面，在指标数据信息选取过程中要保证数据的可比性。不但要保证纵向对比，即绿色经济发展水平在时间序列分析上是可比的，而且还要保证横向对比，即不一样的地区在同一时间范围之内是可比的。

（4）动态性和静态性。由于绿色经济一直处于动态发展过程中，所以对于指标体系构建也应当保证动态与静态紧密结合。在选取指标时，既要包括静态数据指标，又要包括动态性指标。

3. 绿色经济发展评价指标体系的构成

根据广西绿色经济发展的实际情况，评价指标体系应以绿色经济为主导，并结合针对性与系统性、动态性和静态性的标准来构建绿色经济评价指标体系。依据绿色经济的概念、绿色经济发展评价体系的构建方法路径标准，参照世界各国权威性科研机构和专家对评价指标体系所做出丰富的科研成果，再依据广西自身经济发展的现实状况，构建广西绿色经济发展指标体系，并以此指引广西的绿色发展。

广西的绿色经济发展评价指标涵盖了经济系统、生态环境系统和社会系统三方面的内容。其中，经济系统既是绿色经济持续发展的核心，也是生态环境系统和社会系统的基础。经济系统指标下划分7个三级指标。生态环境系统主要是指生态环境维护。其中，生态环境既是绿色经济得到良性发展的保证，也是绿色经济的关键。生态环境系统指标下划分2个三级指标。社会系统指标由社会发展、社会稳定和社会公平组成，构成7个三级指标，社会系统的良性运行是绿色经济持续发展的最终目标，如表3-11所示。

表 3-11 广西绿色经济评价指标体系

一级	二级	三级	方向
绿色经济	经济系统	经济发展	人均国民生产总值 / 元	正
			第三产业产值占 GDP 的比重 / %	正
		资源消耗	每万元单位 GDP 能耗 / 吨标准煤	负
			工业废水排放量 / 万吨	负
			工业废气排放总量 / 亿标立方米	负
			工业固体废物处置利用率 /%	正
	生态环境系统	科学支持	科学技术支出 / 万元	正
		生态环境保护	城市生活污水集中处理率 / %	正
			建成区绿化覆盖率 / %	正
	社会系统	社会发展	教育支出 / 万元	正
			城镇居民人均可支配收入 / 元	正
		社会稳定	恩格尔系数 / %	负
			居民消费价格指数 / %	负
		社会公平	社会保障和就业支出 / 万元	正
			城镇登记失业率 /%	负
			基本医疗保险参保人数占年平均人口比重 / %	正

3.2.2 广西绿色经济发展的评价结果

广西属于我国西南地区天然生态屏障地区，其生态的好坏对国内生态格局有很大影响。广西资源总量丰富、生态自然环境优质，贫困户多、贫苦程度深，生态自然环境脆弱但生态价值比较高。按照生态系统类型来说，森林生态系统的生态作用价值较大。因为生态自然环境脆弱，经济绿色发展是广西的必然选择，表现在把节省资源维护生态环境摆在首位，以推动可持续性发展和增进民生福祉为主要目标，增强创新能力，提升技术实力以及不同区域资源开发水平与环境效率，避免产业发展所带来的环境破坏、生态风险变大的问题。进一步提高生态产品生产量，提高自然资本在发展里的比例，使经济发展向绿色、高效率的方向发展，走人与大自然共生，实现人口数量、资源环境与经济协作发展的多元化绿色发展。现阶段，广西绿色发展具有相当明显的优势,广西也正在实施后发赶超发展战略,并实现"青山绿水变成金山银山"愿望。当然,广西在深入推进经济发展的前提下,怎样协调与生态维护的矛盾必须变成长久规划的问题,处理好各种问题以后广西才可以更快更加好的发展。

3.3 广西绿色经济发展存在的问题

根据数据可知,广西经济发展情况较好,但随着工业技术的提升,节能降耗成效日益显著,能源消耗依然处于领先水平,新能源开发总产量和增速都要提高。在污染控制方面,工业污水的排放量仍较大,对生态环境保护提出多重考验。绿色发展是一项涉及面广、持续时间长、投入量大的工程项目,广西在绿色经济发展环节中,也呈现出以下几点问题:

3.3.1 经济社会发展与资源环境生态供需矛盾日益突出

一方面,广西的农业生产跟生态保护拥有比较大的关联。广西森林覆盖率年平均提升1%,但土壤退化面积年平均增加2%~3%。目前,广西农户的主要收益来自农业,非农收益占比非常小,加上乡村农业产品市场化水平比较低,农业生产的产品大多数为内部市场交易。农户为了能实现脱贫,就会陷入野蛮成长"漩涡",即越贫困落后,越不惜一切的索要生态资源以换取暂时性的经济发展,导致本来就比较脆弱的生态环境进一步恶化,并引发一系列的洪涝灾害。另一方面,广西的工业化水平比较低,经济增长方式仍以高污染、高耗能和低附加值的传统粗放式为主导,产业结构尚需进一步优化。近几年,尽管广西在积极发展绿色经济,但新型产业经营规模还不够强大,资源型产业比例比较高,产业发展对生态环境的影响较大。

3.3.2 基础设施落后,资本支持力不足

广西部分地区地处偏远,主要原因是基础设施落后,交通出行不方便。由于道路运输能力低,导致要素汇聚能力较弱,基础设施的滞后促使一些贫困地区发展呈现持续性的独立封闭式特征,严重制约了区域经济与生态文明建设的联动发展。绿色工程的建设需要花费大量的人力、财力、

物力。但是大多数地区财政总收入仅能够满足本地基本稳定运行的标准，没法充分运用地方财政的支持、保障服务的作用，这对生态文明建设造成一定阻碍。

3.3.3 支撑绿色发展的高新绿色生产技术创新与能源系统落后

绿色发展必须以高新绿色技术和新能源系统作为支撑。在推动经济发展环节中利用高新科技生产技术使发展水平在生态系统的承担范围内达到最大效益，使人与大自然之间可以和睦相处。高新科技的生产制造、技术研发的主体主要是企业，政府部门主要是利用宏观经济方式激励企业进行高新技术的研发。广西的企业在开展技术研发时也存在一些制约因素，一方面是技术研发资金扶持不够，产品研发驱动力不足。另一方面是新能源系统不健全。和传统生产技术相比，高新科技需要长时间持续不断的资金投入，具备成本相对高、风险高、回报周期长等特性，若产品研发不成功则前期投资就功亏一篑，因此很多中小型企业不愿开展技术研发。

3.3.4 工业化和城镇化水平低，带动能力不足

在产业发展过程中，广西纵向、横向产业均落后全国各地产业发展的平均水平，产业链短，产业拓宽不够，配套设施产业、生产性服务产业难以实现高质量发展，许多产业以矿物资源和农业产品原料制造为主，生产加工商品非常少，主要产品为低技术含量、低附加值的中低端产品和加工品，对农业、农民的哺育能力及推动能力不够，造成县域中间、城乡差距经济发展差别进一步扩大。同时广西系统观及其生态观较弱，农业转移的过程中学生就业、住宅、文化教育、诊疗、个人社保等多个方面的长效机制还有待健全。

3.3.5 相关管理部门间协作不深入、环境监测技术亟待提高

每年相关管理部门都会发布《考核方案》，但缺乏深层次参与和具体的核查工作，相关管理部门间协作不深入，未构建起省内的国家生态功能区转移支付资金分配、使用制度，不利于正确引导支付资产最大限度地充分发挥和生态环境治理价值和考核工作的进一步推进。

在技术方面上，各县市级监测能力比较低，缺乏技术化检测，环境

监测既是衡量环境质量的"标准",也是环境治理的"特情人员"。县域绿色生态环境质量考核工作的核心内容是监测与评价县域绿色生态环境质量。在考评中,尽管广西地区有约一半的县域已经逐渐具备一定的监测能力,但大部分都不具有环境污染物分析的能力,距离国家规定对地区环境质量"测得准""说得清"的要求还有一定差距。

3.3.6 环保意识薄弱,文化观缺失

尽管广西具有一定的生态环境优势,但结合广西绿色发展保护的现实情况,部分地区的居民仍然缺乏环境保护意识,环境保护的文化观相对薄弱。一方面,由于部分地区居民受教育程度相对有限,缺乏环境保护的危机感,尚未意识到环境污染的严重性以及绿色发展的必要性。整体而言,区域内居民对生态资源的重视、保护力度不足,尚未树立正确的环境保护意识,难以掌握行之有效的环境保护方法。另一方面,由于人力资源、资产条件的限制,环保活动以及文化教育工作尚未深层次的普及到边远地区,根据调查数据显示,在生态环境保护的认同度方面,超过一半的居民对生态环境保护的相关事宜关心度一般,仍有较多居民对此类问题并不关注,而对于生态环境保护认知度较高、关注度较强的普遍是一些相关行业的工作者以及所受知识教育水平较高的群体。

3.4 广西绿色经济发展的可行性分析

大环境分析方法作为公司战略分析的常用方法,通常被视作剖析公司外部环境的专用工具,通过对公司多领域、多因素的外部环境的综合分析,具体分成6大因素,即技术、社会、政治、经济、环境、法律,结合以上6大因素进一步深入分析公司所采取的一系列策略的可行性。本书结合广西地区的实际情况,并参照大环境分析方法,进一步深入探讨广西绿色经济发展战略的可行性。

3.4.1 技术因素

参考其他国家和地区的绿色经济发展经验可知,推动绿色经济发展必不可少的是技术,先进技术是发展所必不可少的关键因素。绿色发展需要

借助先进技术的应用发展，通过持续的开发引进先进的新能源技术、节能减排技术、智能制造等绿色技术，从而实现产品的生产、产品管控以及后续所产生污染废弃物处理的绿色化。通过应用科学实现企业绿色化转型升级，并达到能源的高效使用。所以，在广西绿色经济发展过程当中，技术因素必不可少，就现有的广西企业生产的绿色化水平而言，与发达国家还存在着较大的差距。绿色化技术水平有限，在短期内难以赶超，先进绿色技术的瓶颈制约着广西绿色经济发展水平。随着广西经济水平的不断提高，可增加对先进绿色技术的吸引力，在节能减排、废弃污染物的循环使用上，运用新技术促进产业的绿色转型。绿色技术的应用较为广泛，包括农业、建筑行业以及一些重工业的制造都需要运用到先进的绿色技术，绿色技术的应用对广西绿色经济发展必不可少。

3.4.2 社会因素

社会因素的范围包括社会中群体在交往和文化碰撞时长期形成的社会风气、道德习惯以及各地区的区域文化等。广西的人民群众注重对生态环境和物种资源的节约和保护，这种观念在广西的人民群体中显现。在广西居民开展日常的社会生产活动时，由于其根深蒂固的勤劳节俭的思想会引导广西居民注重对资源的节约，这可以视为绿色经济在底层居民的重要体现。

3.4.3 政治因素

广西绿色经济发展的政治因素主要体现在我国的各项政策法规对广西绿色化转型升级的支持和发展上，广西政府采取多项举措提高区域绿色经济水平，为广西发展绿色经济赋能助力。此外，在广西本地各区域发展建设规划当中，进一步明确了广西的建设目标，如北部湾经济区的建设、西江经济带建设等一系列建设规划，更有力的推动了广西整体绿色经济的发展，为其可持续发展和产业的转型升级带来了新的发展机遇。广西作为国家高质量发展的重要一环，是实施区域绿色经济发展战略的重点地区，我国通过多种、多项政策的支持，为广西执行绿色发展战略创造了良好的政治氛围，有利于广西推动发展绿色经济，开创环境保护型、长期可持续性的经济增长模式。声明中明确指出绿色发展理念的必要性。国务院令也提出对百色生态铝业公司基地的支持,积极鼓励广西稀有金属的循环发展等,《广西桂东承接产业转移示范园区整体规划》的实施,对广西承揽东部地区迁移,优化产业结构有积极的影响意义。

3.4.4 经济因素

国家或区域的经济发展水平可以通过多项衡量指标加以测度,包括GDP水平、产业发展规模、产业结构占比以及固定资产投资额度等。通过相应指标对广西地区经济发展水平的评估可知,广西地区经济发展水平还有待提升,经济发展水平的限制会导致城市整体的人才流失。此外,随着广西各类先进技术的不断创新以及区域固定资产额度的不断增大,对人才的吸引力逐渐发挥作用,并借助先进绿色技术的不断创新,为广西绿色经济发展提供重要支撑。

结合广西的产业结构进一步分析广西的经济因素对其绿色经济发展带来的作用。广西产业结构以第二产业为主,在第二产业中重工业占比较大,生产方式的绿色化水平有待提升,广西绿色经济发展潜力巨大。与此同时,广西具有丰富的森林资源,并建立了森林资源富集区和林业产业集中区等一系列的林业示范区,该类生态示范区对广西绿色普及、生态保护都具有重要的促进意义。

3.4.5 环境因素

发展绿色经济要以绿色化、可持续化发展为主要的发展方式,重视环境的保护、资源的节约,强调人与自然和谐共生的友好关系。因此,要求人们在生产、生活当中关注资源的变化,重视环境的保护,采取科学友好的发展方式,发挥对环境的正向促进作用,避免对环境的破坏和污染。就广西的环境变化情况而言,广西的经济在高速发展的同时伴随着对环境的污染和破坏,通过对广西各项环境指标的评估,广西的工业生产废水排放量以及工业所生产的废气排放都在不断地增长。相较其他区域而言,广西地区具有一定天然的优势,由于广西的林业资源较为丰富并且具有良好的生态环境,为企业发展绿色经济提供了必备的环境条件。在同等的经济发展水平之下,广西还具有其他地区难以超越的环境优势,这要求广西更加注重对已有生态环境的保护，将环境的保护以及空气质量的改善作为基础的民生工程。2022年，广西出台了《中共广西壮族自治区委员会关于厚植生态环境优势推动绿色发展迈出新步伐的决定》一系列重要文件，不断补齐绿色发展的短板，采取多项措施提高对环境污染问题的治理能力，进一步保障人民群众的生活环境质量和生态环境水平。

3.4.6 法律因素

从法律层面，广西针对绿色经济发展所提出的一系列的法律、制度规定等，通过这些制度对人民群众的绿色行为增强相应的监督和保障。从国家整体层面，国务院印发《关于加快建立健全绿色低碳循环发展经济体系的指导意见》，强调了要实现绿色、低碳、循环的经济发展体系，推动全社会在经济发展过程中进行绿色化转型，为广西绿色经济发展提供了强有力的指引作用。与此同时，广西地区同样积极参与到绿色经济发展的建设当中，并提出多项法律政策。如2023年，广西制定《2023年广西工业节能工作指导意见》，强化对于污染的治理，运用科学技术加强精准治污、防污，补足广西绿色经济发展的短板，提高广西地区对于污染的治理水平。

第 4 章

广西绿色经济发展内在动力的理论分析

第4章 广西绿色经济发展内在动力的理论分析

4.1 广西绿色经济发展的内在驱动作用

4.1.1 广西绿色经济发展的必要性

现代化是不可逆转的历史潮流，时代在发展，社会在进步，当今世界发生着种种深刻的量变与质变，对于区域发展而言，不仅是机遇，更是一种挑战。社会前进的巨大推动力使得地区不得不面对现代化发展进程当中的工业化、商业化、全球化等问题。

首先，促进区域经济绿色发展是实现中国经济转型升级的必然趋势。2015—2021年，我国经济发展水平呈现明显的上升趋势，GDP年均增长明显，增速较高，由此可见，我国经济发展充满动力。为进一步推进我国经济高质量发展，在高质量发展的关键阶段还需要推进区域经济的持续健康发展，在提高区域经济增长速度的同时，还需要关注区域经济的增长方式，以区域绿色化、高效率的增长方式和持续强化区域经济增长的动力，促进区域经济绿色发展。绿色、可持续化发展是一种基于长远角度的发展方式，能够为我国经济发展转型升级提供长远的支撑。因此，为进一步推动我国经济发展，各区域在提升经济发展水平的同时，还需关注区域经济绿色发展的方式，在行动措施上紧跟国家整体步伐，强化以绿色化技术推进地区经济发展的转型升级。

其次，促进区域经济绿色发展是提高人民生活质量的必然要求。随着现阶段我国主要矛盾的变化，人民对于美好生活的向往更加强烈。在满足人民基本物质条件需求的同时，还需要优化人民的居住环境，为其提供丰富多样的生态产品，满足其更高层次的生活质量。因此，促进区域绿色经济发展尤为重要，通过绿色化的生产，为人们的绿色生活创造可能，在美化人居环境的同时，满足日常的绿色出行、绿色家居、绿色生活需求。

再次，促进区域经济绿色发展是实现可持续发展的必经之路。根据我国多年的发展经验可知，尽管我国过去实现了高速发展，但是我国经济发展方式仍以粗放式发展为主，尚未建立经济发展与环境保护的友好关系。

长期粗放式的发展暴露出我国区域经济发展存在的短板，因此为实现可持续化发展，推动绿色化转型尤为关键，通过对当前发展模式的有利调整，对经济结构进行优化，在企业生产制造过程当中进行绿色化转型，可为持续化发展助力。经济的发展需要基于长远的角度进行考量，要实现可持续发展，需要降低对资源的依赖性，增强对环境的保护，并对现有的制度进行一定的改革，才能够推动经济的可持续化、长远化发展。增强区域发展的内在动力，实现可持续性发展。

最后，促进我国区域经济绿色发展能够提高整体收入水平。综合分析我国经济发展实际情况，现阶段我国步入中等收入阶段，中等收入阶段存在多种不足，我国将面临多样挑战。根据国际发展经济，跨过发展的陷阱，关键需要从两个角度发力：一方面需要产业升级，不断推进产业的转型升级；另一方面跨过中等收入陷阱，需要缩小贫富差距，提高整体收入水平。针对特定区域而言，推进地区持续的经济增长，解决发展不足的问题，就应加快推进我国区域经济绿色发展。

无论地区的大小、强弱或者兴衰，每个地区都拥有平等的发展权利和尊严。区域的绿色发展权利是其权利的一个重要组成部分。享有生态环境权的地区可利用当地的文化优势、资源优势来推动地区绿色化发展，建立人与自然和谐共生的友好关系。就目前而言，现在的法律体系尚未实现这一目标，现有的法律尚未对地区的绿色发展权利形成统一的规范，就具体地区而言，各个地区的特性、文化、语言存在差异，即使其具有平等的权利与权利的合法性，但仍缺乏绿色发展权利具体的详细规定。

就广西而言，广西各地区享有绿色发展权利，其权利可通过利用当地的地位优势、区域优势、文化优势等资源来推进绿色经济发展。

4.1.2 广西绿色经济发展的客观需要

绿色发展是在环境和资源的约束下，以保护自然环境和节约自然资源为途径来实现可持续发展的一种发展理念。广西部分地区仍存在经济基础差、发展条件落后、人口较少且文化程度相对较低的问题，树立绿色发展理念对广西地区的经济提升有非常大的帮助。

近30年，我国经济社会发展和扶贫工作获得了一定的成就。然而经济的快速发展的副作用是粗放式发展，导致贫富差距扩大，也造成了许多

第4章 广西绿色经济发展内在动力的理论分析

环境问题。在社会主义发展新阶段,基于广西在全国的生态地位,应当不断发展其绿色经济,并贯彻绿色发展理念。

1. 推动广西绿色经济发展是提高人民生活质量的重要举措

广西现有经济发展在全国的发展地位相较落后,为实现同全国经济的协同发展、共同进步需多方举措合力执行,调整经济发展的内原动力,增强其动力来源,以绿色可持续发展为主要发展理念,树立环境保护、资源节约的观念,停止长期性环境破坏的行为。因此,广西为寻求经济的长远发展,必须坚持绿色发展道路。在尊重和顺应自然规律的前提下,整合升级产业结构,及时调整环境污染型产业,率先发展绿色支持型产业,以绿色技术拉高产业增加值,在企业生产过程中既要实现短期利益,也要兼顾长期福利。广西绿色经济发展有利于实现人与自然和谐共生,实现经济发展、社会发展、生态发展的三位一体,从而助力提高人民生活水平和质量,增强其生活的幸福感与获得感。

区域经济发展与生态环境保护是我国历来关注和强调的重点,坚持践行绿色发展理念,切实解决西南地区环境保护和经济高质量发展水平之间的矛盾。深入贯彻落实"绿水青山就是金山银山"的发展理念,以绿色化发展,可持续化发展推动经济发展增长,为人民群众谋利益,让发展成果由人民共享,最终实现可持续发展的战略目标。因此,广西贯彻绿色发展、发展循化经济是其满足人民高层次生活环境与生活治理诉求的必由之路。

2. 建设美丽广西的实践策略

贯彻落实建成美丽中国战略需践行绿色发展理念,需以绿色化发展、生态化发展、可持续发展来建设美丽广西。绿色发展理念内涵丰富,涉及范围广泛,囊括了政治、经济、文化、社会等综合方面,需在保护自然资源和生态环境的前提下,重视人与自然的关系,推进人与自然的和谐关系的建设,在保护环境的基础上实现经济的可持续发展,坚持绿色发展为了人民。可持续发展的关键在于实现生态发展、经济发展和社会发展协同并进。经济发展和生态环境的兼顾既是绿色发展的应有之义,也是经济增长与生态平衡相结合的发展方式。在践行绿色发展理念的过程中,重点治理污染区域和污染产业,使广西的特色环境免受污染,如此便可实现建设美丽广西的自然之美的目标。

3. 推动广西政府善治的巨大引擎

目前，广西的生态优势、环境优势和人文优势尚未得到充分的发挥，需紧跟绿色经济转型与可持续发展的潮流，充分利用当地的自然优势，奋勇直追，并采取相应的措施、新方法，推进绿色可持续发展。与此同时，广西地区的绿色发展不但需要政府要科学治理、与时俱进，不断优化政府治理的方式，达到治理的高效率、实现治理的高效能，还需要以创新、绿色、科学的治理方式拉近与人民群众的距离，为广西地区可持续、绿色发展助力。广西绿色经济发展可以促使政府不断提高决策判断能力，改进经济社会治理的方式，并基于绿色发展理念进行动态调整，最终提高其整体治理水平。

针对现有与绿色发展理念相违背的不良行为，广西政府需规范管理企业与市场，鼓励其在绿色经济发展中的积极作为，调动各企业、单位的参与积极性，充分发挥各方优势、整合有利资源，统筹规划。坚持和落实绿色发展理念，可以让政府在治理过程中适时调整，以实现可持续发展的目标。

4. 由广西的发展位、生态位及自身发展特性所决定

新时代以来，在各级政府的支持和帮助下，在广西人民的共同努力下，广西地区经济水平已逐步向好转变，经济基础设施完成了迭代升级，经济发展的机会增多。然而，与发达地区比起来，广西部分偏远地区的发展仍然相较落后，并与发达地区存在较大的差距。所以，广西亟须其自身完成发展转型，以绿色、可持续发展增强发展动力。

广西在全国的生态地位上，属于生态核心区，位于大江大河的中上游，由于其生态脆弱程度较高，所以大多开发区受到限制和禁止。这使得广西不得不加快生态文明建设，发展绿色、循环、可持续的经济。同时，对于广西的发展特征而言，一是拉动经济增长的可供选择的有效方式较少，增长主要是依靠资源密集型产业发展和政府投资等外延辅助方式的拉动增长。自生内发增长较少，因此经济增长对促进就业的效果甚微。二是内在脆弱的生态平衡，在粗放式发展模式下，广西的生态环境遭到严重破坏，生态修复困难重重。三是自然灾害发生次数较多，抵御自然灾害能力较差。因此，结合广西的发展位、生态位及自身发展特性，广西推动绿色经济发展符合客观现实需要。

5.广西可持续发展的优势突出

虽然广西的经济发展水平较低,但在许多方面具有突出优势,发展潜力较大,只要遵循经济发展规律,就能提高经济发展水平和发展质量,实现绿色经济的转型发展。目前,广西最重要的是要通过技术引领经济发展,系统整合发展要素,形成适合地区发展规划的制度环境,整合和利用好广西自身的特色优势,是发展广西绿色经济的必由之路。因地制宜,弘扬绿色发展理念。发展绿色经济是广西经济、社会、环境等因素综合决定的必然选择,为绿色可持续发展提供重要支持作用,打造广西地区的特色农业,逐步形成规模化、产业化培育方式,加强产业融合,巩固广西的产业支撑效果;完善制度,为发展特色产业提供有力保障。广西的优势具体体现在以下几个方面:

(1)引进资金后发优势。广西自然禀赋充足,并且处于开发利用的初级阶段,未来会带来可观的预期收益。对投资者而言,绿色发展的项目具有长远发展,能够实现稳定的现金流收入,广西推进绿色经济发展能够吸引资金的流入,在后期赢得支持资金,获得源源不断的发展动力。

(2)引进技术后发优势。广西地区资源丰富,虽然部分技术相对比较落后,但自身具有极强的发展诉求。因此,随着广西绿色经济的不断发展,广西将通过多种渠道,增强对先进技术的吸引力,以科学先进的绿色技术补足发展的短板。

(3)劳动力后发优势。随着广西地区城镇化的不断发展,城市对于乡镇的吸引力逐步提高。此外,广西地区产业结构的优化调整也增强了广西优势产业的内在吸引力。如此一来,包括农村人口在内的大量的劳动力口将逐步流入到绿色发展行业上,有利于促进广西绿色经济的发展,降低绿色产业的成本,增强广西绿色经济发展的优势。

(4)资源后发优势。广西的资源比较丰富,蕴藏较大发展潜力。根据其具备的资源优势,打造"生态+农业"新型模式,促进农业生态化、绿色化转型,借助科技技术业,发展新能源产业、提高现代农业附加值。

6.广西可持续发展仍存在的制约问题

(1)绿色生态环境遭受破坏。广西独有的生态环境潜伏着危机,即使其森林的覆盖率很高,但是森林的质量却差强人意,无法为经济发展提供稳定的支持作用。对广西而言,其生态状况是经济社会发展的基础。广西还存在土地荒漠化、土地被重金属和地下水污染等严重的环境问题。

（2）发展"绿色经济"的政治观念薄弱。目前，广西的部分政府部门在进行治理时其绿色发展的政治意识薄弱。部分区域经济发展相对落后，其政府一味地追求经济增长，环境保护意识和绿色发展观念不足，只看得到 GDP 增长速度，看不到对环境造成的破坏，没有兼顾经济与生态的结合，也没有从政府政策层面上积极有效推进生态保护与绿色产业的协同发展。

（3）绿色经济发展活力不足。广西旅游业的发展维护大都是由政府推进，外资企业和民营企业在旅游市场参与度不高，新个体进入市场的积极性不高。目前，市场内的旅游企业规模小、结构混乱，在市场内的竞争力不强，旅游经营主体的活力不足。旅游产品同质化严重，虽然旅游产品和景区数量多，但是质量比较一般，对有文化特色和游客有参与度的旅游产品的开发不够，可满足游客个性化、差异化的旅游服务产品有限。

（4）绿色文化发展断代严重。随着经济的快速发展以及工业技术的革新，广西人们的生产方式和生活方式都与过去有了较大的变化，并且不断有外来文化对本地文化造成冲击。网络和电子产品在广西各地区不断发展，广西地区民间绿色传统文化正面临着挑战，部分地区的绿色文化遭受破坏，逐渐消亡。比如，三江县的清代古建筑群，是中国著名的民俗博物馆，近 20 年来，清代建筑群已经受到外来文化的影响甚至入侵，逐步被现代建筑所取代，本身特有的地域风情已悄然不见。

（5）缺少"绿色法律"的保障。广西有关绿色经济发展的法律法规还没有制定落实。例如，河池市地方政府为实现绿色发展目标制定了一系列有关绿色经济发展的法律法规，来保障绿色经济发展的稳步推进。制度的颁布虽然为该地区的绿色发展带来保障，但在制度的制定、落实、监管上还是存在不足。首先，法律不健全。尽管制定了各种各样的法律法规，但是制度之间缺少衔接，无法实现精准对接，有许多空白留存，制度仍需要进行完善和丰富。其次，监管制度不完善。地方政府的力量是有限的，在发展绿色经济的过程中无法做到大包大揽，也不应该大包大揽，但是市场主体参与程度低，积极性也不够。因此，绿色发展的深度和广度大打折扣。最后，绿色投资机制不健全。在原来经济结构和产业结构的基础上，发展绿色产业需要大量的资金支持，即使国家对河池市进行政策扶持，但当地发展绿色经济却因缺少资金而难以支持绿色发展。

第4章 广西绿色经济发展内在动力的理论分析

综上所述，广西绿色可持续发展还存在许多问题，绿色生态环境遭受破坏、发展"绿色经济"的政治观念薄弱、绿色发展活力不足、绿色文化发展断代、缺少"绿色法律"的保障是广西绿色发展所遭受到的阻力。因此，广西更应当坚持和贯彻绿色发展理念，将其作为解决问题的"良药"。

4.1.3 广西绿色经济发展的动力来源

1. 发展理念的约束力

发展理念的约束更多指在社会当中形成的绿色发展思想，以及相应的法律指导性意见，从而对社会相关主体以制度和理念的形式对其行为进行约束。绿色的发展理念重视环境的保护，在经济发展过程当中关注资源的浪费与环境的破坏情况，要求建立人与自然和谐共生的友好互动关系。绿色发展理念是我国在经济发展过程当中不断探索的成果，具有一定的先进性，能够推动我国绿色经济的发展，可增强各方行为主体的内在动力。根据我国社会发展的目标，确立绿色发展的相关的指导意见，可以从多角度、多方式引导社会树立绿色发展的思想，促进高质量发展，为社会经济的绿色化发展指明正确方向。

在微观主体层面，发展理念的约束力可以规范微观经济主体的行为，引导企业进行绿色化的转型，同时促进人们进行绿色化的生产和生活。在广西地区，绿色的发展理念同样可以推动广西绿色经济的发展，理念的约束力能够对广西微观主体的行为进行评价，同时对产业结构的调整起到指导作用。

2. 产业高质量建设的拉动力

产业高质量建设是我国经济发展的重要一环。新时代我国社会发展进入了新阶段，推动产业的高质量建设、产业绿色化转型必不可少。因此，广西地区的产业高质量建设需要不断推动产业可持续发展。广西地区高质量建设，意味着经济的发展方式需要与生态环境相协调，注重对于环境的保护、资源利用率、资源节约。通过对原有产业结构、经济结构的调整，从而适应新的发展需求，实现高质量建设的目标。广西地区高质量建设的拉动力主要体现在外部环境以及顶层设计的拉动作用，广西地区为实现高质量发展，将在外部环境上通过重视生态环境的保护，打造完整的绿色产业链，从而增强广西地区绿色产业化的发展水平和广西绿色化产品的供应能力，进一步提升广西绿色经济发展的整体水平。

3. 数字化技术的推动力

现阶段，广西各地区的经济发展与数字技术相结合，为广西地区绿色化转型、低碳发展赋能。首先，广西的绿色经济发展需要对产业结构进行优化和调整，在产业的转型升级当中，融入数字技术可以帮助广西地区的企业更快对市场环境和市场需求进行深入的分析，进一步提高绿色化生态产品生产的调整速率。其次，借助数字化的技术应用，可帮助企业在开展日常经济活动时，完善企业对绿色生产制造的控制效果，提高绿色化生产效率，降低资源的损耗，实现生态环境保护的目标。最后，数字化的应用顺应了新时代的发展理念，提高了经济发展的水平，是促进绿色经济发展的重要技术之一，广西可以借助数字化技术的支持，增强其绿色经济发展的动力，让绿色产业与绿色技术相融合。

在广西绿色经济发展过程中，推广数字化技术不仅可以提高其绿色经济发展的效率，还可以运用科技将劳动资料和各生产要素达到最优化的整合，避免资源的浪费。绿色技术应用还可以应用于农业生产过程当中，用先进的数字化技术可以实现农业的绿色环保化管理，同样还可以利用数字化的技术对产生的废气污染物进行优化处理，降低由经济发展所产生的环境污染，为广西的绿色发展提供更多的动力支持。由此可见，在数字化技术推动作用下，广西可进一步通过先进数字技术的科技创新，为其绿色经济发展提供更多的动力支持，加快广西地区绿色产业化的发展，提高绿色产业建设速度。

4. 广西企业自身的驱动力

广西企业同样具有发展的诉求，渴望通过加强企业内部科技的创新，不断探索发展的动力，从而提高企业自身建设水平，增强其综合实力。因此，广西企业仍有内在的动力开展绿色化建设，关注资源的合理分配。企业可以通过不断建立绿色发展的基本理念，在生产的过程当中通过引用先进的绿色技术，主动对绿色产品进行创新，加强对绿色生态产品的成本管控，从而为市场提供多样化的绿色化服务与产品，帮助企业在绿色化发展的大浪潮当中获取一席之地，提高自身的竞争实力，促进地区绿色发展。在广西绿色经济发展过程中，广西企业同样可以通过内部设备的引进和技术升级等方式加快企业绿色化转型的进程，完善对绿色产品的研发制造，实现绿色化的生产，加强对污染废弃物的排放处理，为社会生态环境的保护贡献自己的力量。

综上所述，广西企业基于自身发展的诉求，其同样具有推动绿色经济发展的动力，通过引导广西企业不断为绿色发展而努力，动态整合企业的投入，调整企业的生产结构适应市场环境的变化，能够让广西企业的发展目标与广西地区绿色经济发展目标相一致，让广西企业自身采取实际行动，进一步推动广西地区的绿色经济发展。

5. 法治保障力

广西地区的绿色经济发展相关的法律制度不仅具有兜底性作用，还具有指导性的意义。在我国经济发展过程当中，我国不可避免出现了许多人居环境污染、生态环境破坏等问题，表明我国生态环境保护相关的法律制度尚不健全，仍然存在短板。同时，一系列的法律保护制度的落实还有所欠缺，我国在逐渐意识到经济发展与环境保护之间的紧密联系后，我国的绿色经济发展的相关法律制度不断地完善，增强了对绿色化发展的监督保障作用，在道德软约束的前提下，发挥法律制度的强制督促效果，增强对各区域的生态保护的效果，为促进生态文明建设铸牢保护性屏障。目前，广西绿色经济发展的相关法律制度不断完善，包括了事前的立法、事中的执法、事后的监督等一套完整的法律体系。在事前制定相应的法律，引导社会大众树立绿色发展的思想观念，同时对企业的行为进行规范和指导约束。事中严格执法，对微观主体各类破坏环境行为、盲目扩张等粗放式的经济发展方式进行有效的监督，督促其进行改善。在事后对其给环境造成的外部性的行为进行严格的惩处，同时对环境造成的恶劣影响需要及时的弥补，加强对生态环境的保护。广西地区的绿色发展法律还注重鼓励公众参与到生态环境的保护活动中，发挥群众的力量，通过鼓励群众对生态环境情况发表评价意见，对破坏环境的行为进行举报，确保过程公开透明，从而借助人民群众的力量，更好地推动广西绿色经济发展。

4.2 广西绿色经济发展动力的机理解析

虽然我国经济发展动力十足，但是仍面临着资源约束以及环境不断恶化的问题。在经济发展的过程当中，经济增长的方式存在弊端，导致在经济发展中尚未兼顾生态环境的保护。因此，满足人民更高层次的生活需求，推进经济的持续健康发展至关重要。我国为了促进地区的绿色经济发展，提高对于资源的利用效率，加强环境保护，以绿色化的转型，低碳循环的生产方式，构建起科学有效的绿色发展制度，从而发挥好地方政府在生态环境保护和经济发展中的引领作用。

4.2.1 广西绿色经济发展的微观主体行为分析

绿色发展的目的是实现人与自然和谐共生，经济与环境共同繁荣，是一个行为纠正的过程。经济发展方式的转变会影响到微观经济主体的利益，而微观主体在面对各类生产、生活行为时，会根据自身的利益进行综合评估，对利益和成本进行综合比较。同时结合实际的情况不断调整自己的行为，其行为有可能对绿色发展有一定助推作用。微观经济主体主要是家庭，他们同样以实现自身利润和效益最大化目标为指导，从而针对性开展各类型的生产消费活动。在推进广西绿色经济发展过程当中，需要综合考虑各主体利益的变化情况，协调个人利益与社会利益，综合考虑短期利益与长远利益。由于社会的生态环境产品大多具有外部性的特点，属于社会公共产品，所以，部分微观主体由于更多考虑个人利益，导致对于生态环境的保护力度不足。本书进一步从微观经济主体中的企业行为和家庭行为进行深入的分析。

1. 微观经济主体的企业行为分析

企业是微观经济主体中最为重要的一部分，企业的价值判断、行为选择是主体行为转型的关键。

（1）微观经济主体的企业行为转型的动力：追求利润最大化

企业的行为是推进地区绿色经济发展的关键，企业行为将直接影响到微观主体的日常行为。当企业建立绿色化发展理念，将会对家庭的行为产生一定的引导作用，企业的生产实践活动，包括了生产加工活动、废料的处理，都对绿色生产活动产生影响。企业选择使用环保材料，贯彻低碳循环的理念，将会直接影响到绿色发展的推进效果，而且企业作为微观主体的重要组成部分，更多的会追求利益的最大化，符合理性经济人的假设，更偏好在生产活动中多考虑利润额的增加，较少考虑对于环境的影响。同时，企业由成千上万的劳动者所组成，若企业整体的绿色发展思想尚未建立，则会对其员工的思想观念也有一定的影响效果，导致员工在家庭行为当中绿色化动力不足。

目前，经济发展绿色转型的重点是解决微观主体行为转型的参与度不高、积极性不强的问题。首先，企业本身追求利润最大化是企业行为转型的主要动力。与以往相同，企业在绿色发展转型过程中，依然会将追求利润最大化作为优先考量的因素，因此企业在绿色发展过程中，依然将能否降低成本、提高经济利益作为标准。其次，企业开展绿色化的转型升级，需要外在的推动力，其外界助推作用的根源在于市场外部是否有对绿色经济产品强烈的需求。当外界的市场对绿色经济产品需求量较大时，企业基于生产利润的获取，将更有动力开展绿色化的生产活动，为市场的需求者提供绿色化的产品与服务，如此一来，有利于企业进行生产方式的调整，促进企业内部绿色发展，企业更愿意将生产方式改为绿色环保型。最后，地方政府对市场行为的监督约束、对绿色发展相关法律的制定执行是企业在绿色转型过程中参与情况的重要因素。

综上所述，我国进行绿色发展的转型调整既要增强企业内部动力，也要增强家庭和政府的外部动力，通过引导企业树立绿色发展的转型思想，不断推进其生产方式的绿色化转型，调动其自身的积极主动性，借助市场机制，同时加强政府的有效引导，多方面齐发力，从而逐步提高微观企业的绿色发展内部动力。

（2）微观经济主体的企业行为转型的基础：企业行为特征

企业行为特征是企业在绿色发展中所作贡献的决定因素。企业在市场中扮演生产者角色，是经济发展过程中的重要一环，其贯彻绿色发展理念的程度对于全面推进绿色经济发展有巨大影响力。

在新时代背景下，我国经济发展持续向好，但在进行生产制造和经营决策时，企业作为理性经济会偏高追求利益的最大化，更多地考虑获取经济利益而较少关注现实情况对外部环境的污染破坏，以及对环境成本的考量较少，更偏好高消耗的生产方式而较少选择环保型的生产方式。同时，由于绿色化的生产方式大多需要先进的技术支持，需要前期资金的投入，因此企业的自身绿色发展动力不足。企业在发展过程中更多顾及自身利益，以个人利益为重，甚至依靠牺牲群体利益、社会利益即环境长远发展、环境经济效益。我国面临着经济发展与生态环境保护之间的矛盾，尚未建立起两者的友好关系,存在个体利益与社会整体利益的冲突。然而这种矛盾可通过推进绿色化转型升级的方式进行解决,企业只关注了短期利益,认为进行绿色化的技术改造和生产生活方式的变革可能会带来短期成本的提高。但是从长远角度来讲,推进绿色经济发展,不仅可以为社会带来长期性的生态效益,还可以给企业带来长期福利,其收益远远大于环境破坏的成本。大多企业尚未意识到这一点,因此在发展的过程当中动力不足,若无政策扶持以及相应额度的资金支持制度,企业绿色发展的积极性将大大地降低。另外,不仅成本的高低和收益的大小会影响企业获利,消费者对企业绿色产品的需求量和购买欲望也是决定企业获利的重要因素。为保证产品的销售量进而实现利润最大化的最终目标,企业也会承担起保护生态环境的责任,并自主研发和生产绿色产品来满足市场上消费者的需求。

综上所述,深入分析微观经济主体包括家庭和企业在内的行为特征和其各类行为的根本原因,进而调动其参与绿色经济发展的主动性,解决其后顾之忧。

(3)微观经济主体的企业现存生产方式的问题:生产异化

绿色发展强调人与自然的友好关系,要求人在发展过程当中兼顾经济利益与社会利益,注重对环境的保护,但微观经济主体在进行相应的抉择时,更多的追求了利润最大化,忽视了社会利益,较少的考虑自身的经济行为对环境可能造成的破坏。人与自然的关系尚未达到和谐共生的友好状态,产生了生产异化等行为,导致经济发展与社会环境向好的目标相矛盾,绿色化发展目标难以实现。

首先,自然资源成为人们获取经济利益的一种工具,人们企图通过盲目粗放式的经济增长方式获益,尚未对自然资源进行有效的开发和利用,自然资源存在着极大的浪费。在日常经济的发展过程中,企业并未注重对自然资源的有效保护,若企业经营者将追求利益最大化视作企业的经营原则,对利益的追逐会使得企业家更加不重视自然规律,自然界就会成为经济主体追名逐利的工具。如今时代,"快餐"经济盛行,导致许多一次性产品、"白色垃圾"、电子产品的充电器浪费严重,由于受限于技术与成本,普通大众对循环利用、变废为宝也是有心无力。在产品研发设计时,企业既没有将产品对生态环境的破坏考虑进去,也没有重视其产品是否符合绿色低碳环保的原则,生产经营者只考虑成本和收益,底下的员工也只能听命办事，在材料的选择以及生产的方式上没有采用科学的方案，从而给自然环境造成超额的负担。盲目追求经济增长，对生态环境产生巨大的负面影响，从而导致人类的经济活动对自然资源的消耗以及对生态环境的破坏超过了自然界的承受边界，最终导致严重的环境危机。

其次，企业追逐利润行为是以牺牲生态环境利益为代价的。企业追逐利润的行为其实就是通过技术手段来利用改造自然甚至破坏自然。企业技术取得进步的同时其改造自然的能力也越来越强，但是人的欲望是没有尽头的，技术的进步也使得人类的行为朝着"反自然"的方向变化，使得生态环境遭受到严重的破坏。企业在追求利润最大化动机的支配下，只考虑成本和收益，对其行为会造成的影响不够重视。所以，企业为获取更多的利润，在"成本—收益"的评价原则下，被蒙蔽了自己的社会责任与企业良心，所做决策忽视了长远的生态利益，超过了生态环境的承受边界，违背了绿色发展的理念，导致自然资源紧张、生态环境被严重破坏。若是企业的经济行为得不到约束、相关行为得不到矫正，对自然界的破坏将发生不可逆转的后果。

2. 微观经济主体的家庭行为分析

家庭是绿色发展中最广泛的微观经济主体，每个家庭的日常行为是否低碳可持续是绿色发展效果的直接影响因素。微观经济主体的家庭行为分析具体包括以下几个方面。

（1）微观经济主体的家庭行为转型的动力：实现最大化满足

根据我国目前生态环境破坏的实际情况，家庭的自利性消费行为是造成如此局面的"罪魁祸首"之一，而传统的生活方式和消费模式是难以将绿色发展落到实处的另一个原因。家庭中的个人消费者在消费市场中往往是以效用最大化为目标，消费者对同质性商品通常会选择价格更低的，而企业家为了实现价格策略赚取更多利润，会对自然资源进行过度开采或者对自然环境造成破坏，其生产模式大多属于高消耗、高污染型。

虽然每个家庭的消费行为对生态环境的影响是有限的、微小的，但是无数个家庭的消费行为累加起来对生态环境的影响是不可估量的，可能会引发"蝴蝶效应"，最终引发严重的生态危机。消费是生产的目的和归宿，家庭的消费行为对企业的生产行为有着直接影响。在微观层面上，绿色发展的落实需要家庭形成正确的消费价值观，家庭消费者在做消费决策时需要重视产品是否绿色环保；所用材料是否会对自然资源过度开采；生产过程是否会对环境造成污染。但是，目前大多数家庭在进行消费时只考虑价格和质量，注重眼前利益，不会去深究购买的产品所耗费的自然资源；利益至上、效用最大化的追求目标使得人们不会去想到生态环境这一层面。

随着人们生活品质和消费水平的明显提高，人们已经形成奢侈的消费方式，甚至存在浪费的现象。现有的生活方式和消费模式都已形成固化，人与自然变成了主体与工具的关系，非绿色消费比比皆是。由于人们为了满足永无尽头的欲望，摒弃了绿色消费观，所以必须要对大众的消费观和消费方式加以引导，否则会对生态环境造成毁灭性的危害。

（2）微观经济主体的家庭行为转型的基础：家庭的行为特征

家庭的消费行为对我国的绿色发展有着直接影响，尤其是决定了绿色发展在微观层面的实际效果。家庭参与绿色发展的主要方式是通过对市场上的绿色产品进行选择，具体体现在对绿色产品的偏好，通过提高绿色产品的需求，能够调动企业生产绿色产品的积极性，提高企业绿色化生产的动力，从而促进区域绿色发展。若不能从根本上降低绿色生态产品的成本，帮助购买绿色产品的家庭和个人在消费过程当中获利，那么将直接影响到家庭的绿色产品消费动力，导致市场需求不足，影响绿色生产。所以，可通过技术创新、政策补贴等方式，在降低绿色产品成本的同时，不断提高绿色产品的使用率，从而引导企业扩大对绿色产品的生产，鼓励其加强对于绿色产品的投入。当前，家庭及个人在进行购买时不会优先考虑绿色产品，是因为绿色产品刚推出不久价格只高不低，追求利益最大化的家庭消费者就不会考虑购买绿色产品。因此，在微观层面要实现绿色发展，就需要解决家庭及个人在购买绿色产品时的效用问题，即提高绿色产品的性价比。

（3）微观经济主体的家庭现存生活方式的问题：消费异化

随着人民生活水平的提高，家庭的消费模式也有所转变，从前人们的消费基于生活水平等客观条件的限制，有所约束，侧重于日常基本需求的满足，家庭的消费倾向于享受更高层次的消费产品，消费力急剧扩张，逐步向享受型的购买行为发生转变，在满足需求的同时对生态环境造成了严重的破坏，这一消费异化的行为与绿色发展的理念背道而驰。

一方面，每个家庭都把消费当成是满足自己欲望和需求的工具。随着生活水平的提高，消费社会逐步取代了生产社会，使得人们的消费方式发生了改变。消费的内容和方式变成了显示身份、地位、财力的象征，家庭及个人的消费行为不仅是为了满足自己的基本需要，相反他们的消费活动更倾向享受和浪费，慢慢背离了消费的最初目的。为了彰显自己的地位和财富，消费者会放弃先前朴实的消费观，追求品牌和特殊，逐渐失去自己的消费理性，这种现象在每一个国家都有可能发生。如若不加以节制、铺张浪费的日常购买行为，会加大商品的消费速率与损耗程度，最终大量的废旧商品堆积如山，日益增加的闲置商品尚未得到有效利用，导致资源的损耗过度，最终对我们的生态环境产生一定程度的影响。

另一方面，家庭在进行消费决策时只关注当前的自身利益，而不考虑长远的社会利益。为满足一己私欲，许多消费者全然不顾其消费行为对生态环境所造成的影响，以牺牲自然资源和生态环境的代价换取自身的利益满足，忽略了自己的社会责任意识，有些人群即使意识到其消费的产品会对环境和资源造成严重影响，仍然不克制自己的消费欲望和消费行为，故意破坏生态环境。从表面上看，我国经济发展速度快，人民生活水平提高，人民的消费能力也大大提高。事实上，这些成绩的背后都是人类对自然无节制的索取和对自然的破坏，这种贪得无厌的生产方式，也改变了大众的消费模式，加速了资源的消耗，以牺牲未来生态利益的代价换来暂时的满足。

如此，家庭作为广泛的微观经济主体，其消费行为对整体的绿色发展有着举足轻重的影响。因此，要在微观层面发展好绿色经济，必须要引导和改变家庭的消费理念、消费模式，实现生活和消费方式的绿色转型。此外，消费者个人在做消费决策时不能只考虑自身利益的最大化，还需要承担起社会责任，将产品是否环保低碳作为决策的重要标准，为社会的绿色发展献出一份力。

4.2.2 广西绿色经济发展的中观协同推进探析

理清绿色发展在中观层面发展的现状及问题，是有力推进绿色发展的关键举措。党的十九大报告强调，新时代下应给予省级及以下地方政府更多的自主权，适度扩展其施展身手的空间，激发其治理的主动性。基于这一导向，从中观层面落实绿色发展应该从产业、区域、地方政府三个方面协同推进。

1. 产业绿色转型分析

从人类发展史来看，产业结构从农业生产转向工业生产是目前生态困境的重要原因。绿色发展要以合理的产业结构为基础，产业完成绿色转型升级是我国实现绿色发展的关键一步。具体体现在以下几个方面。

一是绿色发展需要立足于经济可持续性的不断增加。促进传统产业绿色化转型升级和新兴产业的发展，实现产业的绿色化和绿色产业化，逐步实现经济可持续发展。

二是产业绿色化以发展绿色产业、对产业中的非绿色部分进行绿色化改造为重点。对产业中的绿色资源进行培育增值，实现生产方式和运行机制绿色化，包括前期的生产环节和后期的销售使用环节，生产绿色产品并提供绿色服务，提高资源利用效率以及废弃物转化效率，促进经济可持续健康发展，满足绿色发展原则。

三是积极推进产业绿色转型。在产品的生产开发环节更注重环境的保护，在节能环节进行技术创新，生产绿色的产品和服务可以提高产品在国内市场上乃至国际市场上的竞争力，并在一定程度上改变中国在国际贸易中受发达国家环保贸易壁垒的困境。

四是绿色产业化能让政府在发展过程中受益，增强政府组织和参与的积极性，可以让区域的经济结构更加合理，形成区域经济发展新的增长点，最终实现补短板，调发展的目标。

在进入中国特色社会主义新时代之后，我国取得的突破和发展令人瞩目，但也出现产能过剩、资源浪费、环境污染等问题，产业方面的问题主要是传统产业的产能过剩、绿色产品供给不足以及长期粗放式发展、发达地区向落后地区的污染产业转移。在粗放式的发展路径下，我国虽然经济指标快速提高，但也出现资源浪费的现象，并对环境也造成了污染和破坏，引发一系列外部性问题。特别是煤炭、钢铁行业污染严重，经济效益低下，对气候和环境造成极大的破坏，对社会的发展是一个极大的挑战。

一方面，体制是造成产能过剩的根本原因。政府主导下的粗放式发展模式，导致政府重视眼前利益忽视长远利益，选择了短时的经济增长方式，盲目扩张经济，忽略了对生态环境造成的负面影响，存在较大的负外部性。此外，要素价格形成机制改革进行得不彻底，环境资源要素价格扭曲，自然资源价格未考虑环境成本，阻碍了产业绿色转型发展。

第4章 广西绿色经济发展内在动力的理论分析

另一方面，推进产业绿色转型还需要创新和研发新技术。通过采用高新技术提高资源利用效率、降低生产能耗，助力产业绿色转型，特别是在煤炭、钢铁等高能耗、高污染的传统重工业，将各种新的技术手段融入生产的全过程是重中之重，要实现全过程的低碳环保绿色。但是绿色技术的创新和应用存在着许多问题，如研发投入不足、知识产权保护体系不完善以及技术应用难，都是导致我国传统产业绿色转型发展过程中的难题。

2. 区域协调发展分析

随着我国经济发展水平不断提升，人民生活质量有了显著的提高，因此需要重点关注区域发展的问题，解决区域间发展不平衡的问题，确保人民的美好生活得到充分的满足。区域的协调发展离不开绿色支持，要提高各区域发展水平，还需加强对资源配置的重视程度，发挥各地区的生态优势、文化优势。区域经济发展战略就是要协调各区域之间以及区域内的发展，使得每个区域的经济、生态等各方面得到全面发展。近几年，在法律层面我国的区域协调发展有较大突破，尤其是完善了相关的制度体系。2010年，我国出台的《全国主体功能区规划》明确了国土空间的功能区的划分，主要涉及四种不同类别开发区，即禁止类、限制类、重点类、优化类，并且我国整体区域经济发展有了科学完整的规划，同时在区域协调发展机制上也取得了一定成绩，制定了许多地区之间的互助帮扶机制，其目的是协调各个地区之间的利益。我国区域之间的发展差距随着我国在区域协调发展上所作的努力而缩小，但没有解决我国在区域之间发展不平衡的问题。首先，发达地区和欠发达地区的经济发展水平差距较大，比如东部沿海发达地区和中西部等发展地区的发展状况差异明显，尽管政府已通过各类政策法规扶持中西部地区的经济发展，引导各类资金资源更多流向欠发达的地区，但是要实现发达地区的经济水平，还需要很长一段时间，同时需要政府将更多的政策福利向欠发达地区倾斜。其次，因为发达地区的生活水平较高，对人才引进的政策更好，发达地区的人才和技术能被留在本地区。导致欠发达地区在绿色发展方面的人才和技术严重欠缺，绿色发展工作难以较好展开。

目前，区域发展不平衡是我国社会主要矛盾的根源。因为在区域协调发展中，会存在优先考虑本地区利益扩张的情况，再加上传统的GDP考核指标，导致各个政府都只考虑自己地区的发展，以提高自己的政绩为目标，既忽视了生态利益,又忽视了区域合作。

一方面,地区发展不平衡会导致各地政府只考虑自己利益,进而导致企业的恶性竞争和产业布局高度重合等问题。具体产业问题的原因包括:一是欠发达地区为了实现对发达地区经济增长的赶超,依赖钢铁、煤炭等高污染、高消耗传统产业的支持,不顾及产业结构的合理性。二是阻断了各地区之间的联系导致生产要素难以实现跨区域的合理高效流动,降低了资源配置效率,致使区域之间各自为战,不合作或合作效率低下,从而导致了产业布局不合理和绿色发展落后。

另一方面,区域发展不平衡会导致发达地区的污染向欠发达地区转移的问题,更加制约落后地区的绿色发展。地区之间在经济发展水平上有明显的差距,同时在自然资源上也存在很大差距。落后地区由于发展较缓慢,工业化和城镇化水平不高,主要依靠资源环境优势,但在技术、人才等方面比较紧缺,只能通过向发达地区售卖自身的优势资源,来交换粗放式的经济发展。发达地区在技术、人才等方面存在突出优势,经济发展取得一定成绩之后,有财力进行生态治理,同时一些发达地区为了治理自己地区的生态环境,将落后产能和双高产业和设备转移到欠发达地区,进而导致欠发达地区难以摆脱经济发展和生态保护的陷阱。比如,东部沿海发达地区会将自己的落后产能向中西部地区转移。

综上所述,推进绿色发展需要各地政府形成整体思维、系统思维,不能一味地将资源和政策向发达地区倾斜。目前,我国亟须形成有效的地区协调发展机制,用政府的力量矫正资源的分布和流向,促进我国各地区更加均衡、更加协调发展,进而加快绿色发展进程。

3. 地方政府行为分析

地方政府是中观层面最主要的经济主体,对于推进绿色发展有着举足轻重的作用。在绿色发展转型的过程中,各级政府是绿色发展的服务者和监督者,但突破了行政分权之后,地方政府不只是对中央政府进行行政服从,越来越注重维护自身的利益。所以,在进一步扩大地方政府自主权的趋势下,引导地方政府之间的合理竞争、以政府的善治为我国经济增长赋能助力,有利于推进绿色经济发展,加强地方的领导管理能力。

第一,地方政府的诉求包括多种类。就覆盖的范围而言,包括公共群体的整体诉求、个人的利益诉求。政府作为行政机关,有能力鼓励组织各个阶层参与绿色发展活动。政府通过为社会主体提供绿色发展的支持，创造绿色发展的基础措施，可增强当地的经济发展能力。

第二，地方政府的行为具有多重性的特征。一方面，通过对地方的治理，不断推进地方经济的发展，实现地方利益的最大化，同时政府也需要在管理过程当中尽可能地达到中央的绩效考核指标，不断提高其管理水平。因此，对地方政府而言，"简政放权"的趋势决定了地方政府拥有一定的自主性，这也是各个地方政府追求辖区利益的依据。并且，中央政府通过统一的绩效考核对各级地方政府进行监督管理，防止政府滥用权力。虽然我国致力于推进绿色发展，但对于地方政府来说，不仅是对原来高污染高消耗产业和设备的放弃，还意味着要投入大量资金来支持绿色变革，所以地方政府大多选择了经济利益而牺牲生态利益。中央政府需要制定合理科学的绿色 GDP 考核机制，正确引导地方政府的行政决策，通过对地方政府提供资金支持和政策补贴来支持地方政府绿色发展的工作，引导和约束各个地方在绿色发展方面进行合理竞争。

第三，地方政府存在"政绩俘获"的问题。近年来，地方政府的自主决定权日益扩大，对中央政府下达的政策指令选择性执行，进行决策时对生态利益不够重视，在经济利益和生态利益中选择前者，追求辖区利益最大化和自身政绩的最大化。具体体现在以下几个方面：

一方面，唯 GDP 论成了各地方政府追求自身利益的挡箭牌。在我国现行的政治经济体制下，中央要求地方政府在经济、生态等各方面都有任务，并根据每个地方的完成情况进行奖惩。但是，为了追求利益最大化，地方政府通常会在实施环境保护方面与中央政府进行讨价还价，尽可能争取自己辖区的经济利益。并且，唯 GDP 论容易使地方政府官员以未来的利益换取自己任期内的利益。

另一方面，地方政府通常会牺牲整体利益来换取自身利益。地区政府的成绩通常是以辖区经济增长为依据，尤其是依赖辖区里快速获利的项目以及高消耗、高污染的重工业。出于利益最大化的原则，如果绿色发展项目对自己的仕途晋升没有帮助，地方政府既不会大刀阔斧地进行或者支持，也不会严格监督这些绿色项目是否按照绿色环保的标准进行。所以，我国绿色发展必须要加强中央政府对地方政府的问责机制，对不良行为进行严厉的抵制和惩治，引导地方政府在绿色发展过程中发挥积极作用。

4.2.3 广西绿色经济发展的宏观制度机制分析

科学完善的制度体系对国家和地区的经济增长有着决定性作用，尤其是对发展中国家经济而言。这就要求政府设计科学合理的制度来规范中微观经济主体在市场中的行为，引导企业、家庭和各级政府自觉参与绿色发展。目前，绿色发展制度的基础薄弱，虽然对之前的制度体系进行过多次修改，但仍存在可以完善之处。制度短板的存在影响了绿色发展的进程，不利于绿色经济持续健康发展。所以，笔者将从绿色经济发展的正式制度、非正式制度、制度实施机制展开分析。

1. 绿色经济发展的正式制度分析

正式制度包括有一定约束效力的法律法规，主要是指以立法、政府明文颁布等合法方式所产生的一系列法律法规、指导意见等。考虑到绿色发展进程中，生态环境等大多为社会公共产品，具有外部性特点，因此需要借助正式制度的强制性约束力加强对人们生产、生活方式的约束和管理。绿色发展不能仅仅依靠中微观经济体改变发展方式和生活方式来实现，还需要政府在宏观层面对绿色发展提供科学完善的正式制度体系，严惩追求利益最大化为目的的破坏生态利益的行为，保障绿色发展的实现。绿色发展的正式制度是为了约束中微观经济体行为的一系列行为规范，其具有强制性特点，以国家强制力保证施行，是政府规范主体行为的重要手段，保障绿色发展的实施效果。

从实践得知，现行绿色发展的正式制度体系包括具有强制力约束效果的硬性制度以及可通过权衡利弊而进行选择性制度。强制性制度表现为"命令—控制"式的政府法律或行政手段。选择性制度可以理解为市场制度，是一种作用力度较弱的制度。具体而言，该制度借助在市场中对微观经济主体以成本和收益的激励手段，从而促使其采取绿色行为，推动社会的绿色发展。选择性制度在绿色发展中的作用日益凸显。我国现行绿色发展的正式制度体系仍存在可完善之处，亟须补足短板，具体体现在以下几个方面：

第一，法律不完善。首先，在资源循环利用方面的法律非常少，仅出台《中华人民共和国环境保护法》，但其实际上属于污染防治方面，并不是严格意义上专门针对资源再利用的法律文件。其次，在绿色发展的具体法律层面，部分法律制度囊括范围并不全面。如对污染土壤的治理、生态的补偿制度等方面都尚不健全。现有的法律普适性、灵活度有限，在执法过程当中难以给相关部门提供灵活的执法参考依据，导致操作存在难度，并且部分地方的规定与国家法律法规无法有效衔接起来，导致在现实中我国的法律法规对环境污染的惩治力度不够，效果有限。

第二，生态产权市场制度建设不到位，导致市场作用无法有效发挥。生态产权市场起步较晚，现有的生态产权相关制度建设还存在短板，更多依赖于政府的行政管理手段，具有一定的强制性。此外，我国的环境资源产权界定尚不明晰，大多环境资源属于公共社会产品，具有外部性特点，导致社会中存在对生态环境保护不当的问题和生态资源浪费的现象时有发生。

第三，资源有偿使用制度不完善。我国资源有偿使用制度还不完善，导致资源在市场上远远低于其真实价格，资源的低价使用又进一步造成资源过度开发和浪费。

第四，生态补偿制度不完善。我国的生态补偿制度还处于起步阶段，难以发挥太大的作用。

2. 绿色发展的非正式制度分析

非正式制度是指人们在社会实践过程当中自发约定形成的社会行为规范，主要是通过人们的价值观念、文化传统、道德理念、风俗习惯等意识形态上的软性约束形成的非正式约束，尚未通过法律等硬性条文进行强制性约束。非正式制度的来源是其社会传递的信息，也来自平时的文化传统，在发展过程中逐步形成软约束，具体体现为正式制度相对的概念。比如，绿色发展理念的规定，可以引导人们树立正确的绿色思想，在日常生产、生活中，以绿色的思想、绿色的观念指导行动，通过规范约束自己的行为，以实现绿色目标。而绿色发展的非正式制度则是对正式制度的一种补充，正式制度包括法律、法规等一系列明文规定，具有强制性。非正式制度可在政治制度未涉及的地方形成有益的补充和完善，对企业、家庭和各级政府的行为进行约束。绿色转型发展过程也即是企业、家庭和各级政府在经理利益和生态利益之间的价值选择，对人们在生产、消费等领域的行为产生影响。人们的绿色发展意识和思维决定着人们的行为。所以，我国绿色发展不能只依靠正式制度规范，还需要发挥非正式制度的作用。

对公众的引领性制度是一种为促进公众自觉而形成的非正式制度，其强制性相对有限，然而影响范围较广。其主要包括两种形式：一是公众的宣传教育制度；二是公众的参与制度。后者是对前者的具体实践。公众的宣传教育制度主要是指在实践过程当中，通过开展多种多样的宣传教育活动，普及绿色思想，让公民树立正确的绿色发展理念，以规范自己日常的生活行为，不断推进绿色化发展，降低能源损耗和对环境的污染，加强对资源的节约和对环境的保护。而公众的参与制度，主要是指在引导公众确立绿色化发展思想基础上，出台相应的指导意见和指导办法，进而针对性的引导公众参与到绿色生产活动中，调动其主动性和积极性，并采取实质性的行动。

3. 绿色经济发展的制度实施机制分析

制度实施机制既包括安排实施的一个方法，也包括实施的条件和手段，是制度实施过程中的必要手段，并对制度的实施效果有举足轻重的作用。绿色发展在制度方面要想取得成效，既需要建设好正式和非正式制度，还需要有科学合理的制度实施机制保证执行。

绿色发展的制度实施机制主要包括信息机制、考核机制及奖惩机制（沈满洪，2016）。首先，信息机制集中表现为信息披露机制、信息举报机制、信息形成机制。集中企业、家庭和政府三者的力量，消除信息不对称，保障绿色发展正式和非正式制度的执行。其次，考核机制集中体现在督促地方政府的绿色行政，考核标准主要是通过地区的国内生产总值、环境污染治理总投资占GDP比重等绿色指标、地方政府环境治理情况等工作实际绩效来实现。最后，在奖惩机制方面要奖惩结合、权责清晰，对存在违背绿色发展理念的生产和生活方式的企业、家庭和各级政府进行严惩，对响应国家和政府绿色发展转型号召的企业、家庭和各级政府进行宣传表彰。

政府逐渐意识到绿色发展的重要性，并且也在增加相关举措，但我国现有绿色发展制度实施机制依然不完善，具体体现在以下几个方面：

一是绿色执法人员对违背绿色发展理念的行为监管不力、对违法行为的惩罚力度小、在绿色执法方面资金和人员投入不充分。首先，受我国的环境管理体制制约，环境监管实行的是前置审批，审批之后的监管比较宽松，这种监管方式使得环保监管流于形式，监管效率低下。其次，我国环境违法成本低，违法处罚不严厉，并且强制性差。最后，环保监管人员和资金投入少。我国环保监管人员不足美国的 1/10，监管力量严重不足；环保投资额远低于国际标准 GDP 的 3%，没有引起国家的重视。

二是环保执法过分依靠政府手段，市场机制不健全。具体表现为市场中激励和规范机制缺失，企业发展根本在于追求经济效益，缺乏实质的激励就无法产生绿色发展转型的动力，市场对企业违法行为约束的手段少、程度轻。

三是缺乏政府环境责任履行约束机制。首先，我国还没有法律条文确立政府在绿色发展过程中的核心地位，对政府绿色发展绩效考核机制以及生态责任制度还处于起步阶段。其次，地方政府官员的绿色发展意识薄弱，缺乏自我约束能力，无法克制自身的行为。最后，我国行政监督机制不健全，过分依赖政府组织，没有利用好非政府组织的力量。社会公众监督积极性不强、力量分散、政府行为透明度低、监督机关监管不力。此外，非政府组织还停留在一个低级的层面，体制落后、管理不善、组织混乱，无法在社会监督中发挥作用。

第 5 章

促进广西绿色经济发展的
作用机制分析

5.1 乡村振兴背景下广西金融促进绿色经济发展的机理

5.1.1 背景与研究意义

随着我国经济快速发展，环境问题也日益显现，气候变暖、水土流失等环境治理问题引起人们不少的关注，也为地区的发展引发了一定思考。就广西情况而言，同样存在能源消耗严重、部分地区污染较大的问题，对生态环境产生不同程度的影响。稳定健康的生态环境是发展的重要前提，推动广西发展乡村振兴需要激发其发展的着力点，以绿色化、可持续化发展为目标，去激活广西发展的持续动力。金融既是现代经济的重要组成部分，也是经济运行的血脉，加之近年来我国乡村振兴力度不断加强，在推动广西发展乡村振兴、优化乡村经济结构、助力其稳步推进的过程中，金融的支持与服务不可或缺。绿色化、可持续化发展作为广西未来的发展趋势，尽可能发挥出金融的支持作用至关重要。就广西金融发展而言，金融发展的规模与丰富度相较于其他金融发达地区存在显著差距，虽然广西的金融发展具备一定的金融发展动力，但在金融支持绿色经济发展等方面还有待改进。因此，深入研究广西金融对绿色发展的促进效果及作用机理，以其挖掘广西绿色发展的金融支持作用具有积极社会意义。

尽管现有研究内容对金融与绿色发展两者之间的关系有所涵盖，如王建欢等（2014）运用空间模型基于面板数据实证检验了金融对部分地区绿色发展的影响作用和影响机理，证实了其存在的空间溢出效应显著。丁志国等（2016）从理论和现实两个层面探索中国乡村金融未来的发展趋势，得出农村金融对乡村经济的长远发展有显著的正向影响作用，并进一步深化了金融对于经济发展的作用机理，通过政策可以发挥一定的促进作用；徐丹丹（2016）基于八年的面板数据，并运用相关分析方法和突变级数法，完善我国对于区域性乡村金融生态方面的指标，健全了评价的指标体系，为乡村生态环境改善发挥的金融作用指明方向。刘敏楼（2016）采用向量自归模型（VAR模型）实证检验了绿色经济发展对金融发展的影响作用，认为乡村金融发展与绿色经济发展存在高度相关性。刘耀斌（2017）选用中国280个地级单位的面板数据，并构建了经济的内生增长模型来检验金融深化对绿色发展的影响，发现金融深化只有达到一定程度后，才能发挥对绿色发展的促进作用，存在显著的门槛效应。耿刘利等（2018）深入研究了安徽省金融发展水平与当地经济增长之间的关系，从金融发展规模和金融发展效率两个角度，深入研究其对农村经济增长的促进作用，发现两者存在正向相关关系。

然而，相关文献的研究主体更多以城市地区为主，或研究较发达地区的金融发展水平与经济增长之间的交互关系。少有相关文献研究的主体聚焦在发展程度属于中等地区的金融与绿色发展的关系，并且就金融发展与绿色经济发展方面的研究更多集中在理论层面，少有实证研究或较少考虑控制变量的影响。因此，本书以广西14个地市2010—2020年的面板数据为基础，采用空间自相关的方法和空间杜宾模型实证分析了广西金融水平与绿色发展的空间集群效果和广西金融与绿色经济发展之间的相关关系。

5.1.2 实证分析

1. 变量选取与数据来源

（1）变量选取

①被解释变量：绿色发展。现有的关于绿色发展的测度方法主要包括两种：一种为指数法，主要是通过建立多级指标评价体系，并综合各个指标的信息综合测度而构建的绿色发展指数。各个指标的权重主要是采用专家赋权的方法，就广西的数据情况，仅有少数年度数据，且赋权的方式缺乏统一的依据。另一种是效率法，主要通过数据包络分析（DEA）的方法，从绿色发展中投入和产出的效率进行分析，计算出的绿色发展值，主要体现了绿色发展的基本原则即本着减少能耗、加强环境保护，以最少的资源消耗而获取最大的经济产出，具有一定的客观性、现实性以及可操作性，这种方法可以综合多种因素，适用范围更加广泛。

因此，基于数据的可得性和数据的内涵丰富度，本书采用数据包络分析法，基于投入和产出双重约束下使用生态效率概念来衡量绿色发展水平，即将生态效率作为绿色发展的唯一核心测度变量。数据包络分析法的具体描述如下：

$$\begin{cases} \sum_{j=1}^{n} \lambda_j X_j + s^- = \sigma X_o, j=1,2,3,...,m \\ \sum_{j=1}^{n} \lambda_j Y_j - s^+ = Y_o, j=1,2,3,...,m \\ \lambda_j, s^-, s^+ \geq 0 \end{cases} \quad (5-1)$$

Huang，J·H（2014）等在测度生态效率时对于投入和产出变量的选择方法，采用当地就业人数、能源的消耗总量等来衡量投入水平，使用环境污染指数以及当地的GDP来衡量产出水平。张雪梅（2013）在投入变量的选择上则与大部分学者不同，选用了建设用地面积作为衡量指标。综合学者们对于生态效率的测度方法，为确保选用的生态效率指标可以更好衡量广西经济发展的同时对于环境的保护程度也有涉及。因此，本书以就业人数和能源消耗总量来衡量广西的投入水平，综合两个指标作为投入变量，再以广西的节能环保余额和当地GDP两种指标作为广西产出变量的测度方式，进一步通过对广西投入和产出情况的进一步计算，测度广西生态效率，如表5-1所示。

表5-1 2011—2020年广西地市的生态效率值

地市名称	2011年	2021年	2013年	2014年	2015年	2016年	2017年	2018年	2019年	2020年
南宁市	1	1	1	1	1	1	1	1	1	1
柳州市	0.497	0.637	1	0.762	0.573	0.441	0.693	0.418	1	0.662
桂林市	0.891	0.881	0.927	1	0.913	0.945	1	1	0.766	0.991
梧州市	0.428	1	0.65	0.564	0.725	0.538	0.682	0.629	0.418	0.772
北海市	0.802	0.826	0.832	0.729	0.976	0.87	0.608	0.52	0.727	1
防城港市	0.466	0.633	0.662	0.527	1	0.352	0.503	0.428	0.432	0.912
钦州市	0.413	0.402	0.882	0.782	0.651	0.53	0.479	0.453	0.603	0.899
贵港市	0.801	0.771	0.981	0.699	0.851	0.669	0.477	0.379	0.57	0.598
玉林市	0.614	0.474	0.966	0.799	0.869	0.683	0.557	0.493	0.596	0.869
百色市	0.563	0.427	0.673	0.356	0.488	0.579	0.631	0.763	0.842	0.882
贺州市	0.432	0.384	0.624	0.572	0.722	0.402	0.626	0.782	0.242	0.793

续表

地市名称	2011年	2021年	2013年	2014年	2015年	2016年	2017年	2018年	2019年	2020年
河池市	0.0201	0.746	0.719	0.814	0.481	0.77	0.515	0.581	0.526	0.816
来宾市	0.442	0.673	0.782	0.539	0.472	0.47	0.713	0.646	0.647	0.714
崇左市	0.483	0.101	0.362	0.624	0.518	0.723	0.637	0.415	0.636	0.763

②核心解释变量：金融水平。地区的金融发展程度的测度方式多种多样，选择范围较广，包括金融的规模、金融效率以及金融结构多方面来衡量。现有金融水平考虑的范围较为全面，纳入的指标比较广泛，就具体的衡量指标而言，国内学者提出了不同的测量手段。例如，张宇青（2013）选择通过农村地区的农业、农户贷款两种类型的贷款数额，再综合两种指标考察农村地区金融的发展情况。王淑英（2016）进一步丰富了地区金融发展水平的测量维度，从地区金融的发展规模、金融效率以及现存的金融发展结构出发，设立地区金融发展水平的评价体系。

因此，本书综合现有学者的研究成果，基于综合性、全面性原则，选用广西的金融规模、金融效率、金融结构作为核心解释变量来衡量其金融水平。

金融规模，即广西金融规模。现有金融发展规模的衡量主要采用两种方式：一种借助麦金龙指标通过计算货币与GDP之比；另一种是采用戈德史密斯指标，计算农村存贷款总额与其GDP之比。同时仍有部分学者选用金融机构的存贷款作为衡量指标，本书基于数据的可得性，选用金融机构存贷款作为衡量广西金融规模的指标。

金融效率，即广西金融效率、金融发展的效率水平体现了银行等金融机构将存款转化为贷款的效率，这与金融发展的速度紧密相关。林雅娜等（2017）以金融机构的存款和贷款余额之比来衡量金融效率。本书选用存贷款之比衡量广西金融效率，该比值越大，转换的速率越快，即广西金融效率越高。

金融结构，即广西金融结构。广西的金融结构应当体现其金融资金的配置方式和配置结构。大多数文献研究选择地区金融机构存贷款余额占全社会金融机构的总存贷款余额的比重。地区金融机构包括农村金融机构以及乡镇等部分金融机构，通过比重的计算来测度地区金融结构的水平。参考这些学者的研究方法，再结合广西地区的实际情况，本书最终选择通过计算广西的乡镇企业贷款数额与总贷款数额的比值来衡量广西的金融结构。

③控制变量：在考察广西金融发展水平对经济发展的影响时，同时应当注意控制变量的影响。本书通过借鉴王李纲对于绿色发展水平控制变量的选择方法，包括人均GDP、人均固定资产投资额等重要的控制变量指标。此外，大多学者在研究过程中均选择将人均固定资产投资及人均GDP两个重要的控制变量指标囊括到衡量绿色发展的完整评价体系之中，丰富了绿色发展的指标内涵。在绿色发展指标体现创建过程中，还需考虑到多种对绿色活动可能产生影响的因素，如政府财政收支情况，政府的财政支出直接或间接影响地区的绿色经济活动，政府的财政资金支出方向是国家经济活动侧重发展方向的体现，可以引导社会资金的流向、产业的发展。

（2）数据来源

本书选取2011—2020年广西14个地区10年的面板数据。数据来源于《EPS数据库》《中国农村金融服务报告》《中国农村统计年鉴》《广西统计年鉴》以及国家统计局网站。

2. 绿色发展的空间分布特征

通过构建区域绿色发展的评价指标体系，笔者已对广西各市的绿色发展情况有了初步的认识和了解。广西绿色发展水平呈现地域间的差异化发展，不同地区间的绿色发展水平与能力存在一定程度的差异，为进一步探讨广西绿色发展的空间分布特征。本书采用全局空间自相关的方法对广西整体的空间分布特征进行研究，并判断广西的绿色发展水平是否存在空间上的集聚性情况。参考现有文献中最常用的全局空间自相关指数，采用Moran'sI指数，公式为：

$$\text{Moran's}I = \frac{n\sum_{i=1}^{n}\sum_{j=1}^{n}w_{ij}(x_i-\overline{x})(x_j-\overline{x})}{\sum_{i=1}^{n}\sum_{j=1}^{n}w_{ij}\sum_{i=1}^{n}(x_i-\overline{x})^2} \quad (5\text{-}2)$$

X_i表示第i个地区的观测值，n为地区总数，w_{ij}表示空间权重矩阵。通常情况下，空间权重矩阵主要包括三种，即空间邻接权重矩阵、反距离空间权重矩阵、基于空间距离的权重矩阵，笔者主要采用空间连接距离的权重矩阵，并依据莫兰指数计算公式得到的取值范围在-1到1之间。根据莫兰的取值来判断两个地区的观测值是否存在集聚效应：莫兰值大于零，则表示存在同质集聚特征；若莫兰值小于零，则表示呈现出差异性集聚效果；当莫兰值的绝对值越趋近于1，则两者之间的空间集聚效果非常显著；只有当莫兰值等于零时，则表示地区之间空间不存在相关性。

实证研究过程当中，为保证结果的准确性，还需要对莫兰值的显著性加以检验。检验结果表明，广西全局空间指数均为正且在5%的统计水平时，广西的绿色发展水平具有显著的空间正向相关性，并存在较强的空间同向集聚效果。从空间地理分布来看，广西绿色发展水平较低的地区倾向于靠近同样绿色发展水平较低的地区。反之，绿色发展水平较高的地区临近于绿色发展水平同样较高的地区。具体如表5-2所示。

表5-2 2011—2020年广西绿色发展全局自相关的检验结果

地市名称	2011年	2012年	2013年	2014年	2015年	2016年	2017年	2018年	2019年	2020年
Maran's I 指数	0.414***	0.452***	0.173***	0.182**	0.309***	0.303***	0.238***	0.202***	0.186***	0.171***
标准差	0.149	0.151	0.111	0.141	0.142	0.146	0.131	0.123	0.130	0.122
Z值	3.604	3.816	2.684	2.185	3.044	2.932	2.767	2.670	2.402	2.424
P值	0.000	0.000	0.004	0.014	0.001	0.002	0.003	0.004	0.008	0.008

注：***、**、*分别表示在1%、5%、10%的水平下是显著性的，Z值为Maran's I指数的Z统计量检验值，P值为概率。

3. 农村金融对绿色发展影响的实证分析

（1）空间计量模型构建

为选取最佳模型，首先进行普通回归计量模型（OLS），如式（5-3）所示：

$$Y_i = \beta_i X_i + \varepsilon_i + \alpha_i \tag{5-3}$$

在式（5-3）中，α_i是模型常数项；β_i表示对应于解释变量X_i的影响系数向量；随机误差项ε_i综合上述变量选择，广西农村金融对绿色发展的影响因素面板数据模型可设定为：

$$Y_i = \beta_1 SCA_i + \beta_2 EFF_i + \beta_3 STR_i + \beta_4 GOV_i + \beta_5 GDP_i + \beta_6 EDC_i + \beta_7 IIF_i + \mu_i + \alpha_i \tag{5-4}$$

(2)最小二乘法回归分析

根据表 5-3 显示,尽管采用普通最小二乘法模型分析研究广西绿色发展水平都是显著的,均都通过了 1% 显著性水平的统计检验,然而方程拟合度比较低为 0.4873,最大似然值仅为 29.8341。由此可见,普通回归模型由于忽略了变量的空间自相关问题,导致该模型的选择和使用对实证结果的解释力度有限。从普通回归结果可知,广西各个地区之间的农村金融规模和农村金融效率对绿色发展是存在正向作用的,其系数分别为 0.4808 和 0.0724,表明广西的金融规模对绿色发展的影响作用更为显著,同时金融结构对广西绿色经济发展存在反向影响。

表 5-3 普通回归计量模型 OLS 估计结果

变量	系数	标准误差	T 检验值	P 值
金融规模(SCA)	0.4808	0.1274	3.2427	0.0003***
金融效率(EFF)	0.0724	0.0513	1.1253	0.2653
金融结构(STR)	−0.1470	0.0781	−2.9140	0.0045***
财政支出占比(GOV)	0.1617	0.1619	1.1299	0.2618
国内生产总值(GDP)	0.4127	0.4376	0.9147	0.3630
教育水平(EDC)	0.3794	0.1029	3.5795	0.0006***
人均固定资产投资($SIEF$)	−0.1213	0.3317	−0.3656	0.7156
α_{it}	0.3500	0.1480	2.0832	0.0403**
拟合度	0.4873	最大似然值		29.8341
校正决定系数	0.4921	检验值		0.0000

注:***、**、* 分别表示在 1%、5%、10% 的水平下是显著性的。

(3)空间面板杜宾模型

由于广西各区域之间存在一定的经济或社会联系,所以在经济资源流动以及社会环境治理方面同样有一定程度的关联。比如,一个地区的经济资源流动有可能对另一区域的环境治理产生影响。通过对广西绿色发展的空间聚集性特点的进一步观察分析,实证的检验结果显示广西存在显著的正向空间聚集效应。因此,在研究广西各金融因素对其绿色发展水平的影响时,不可忽略计量经济学模型的前提,即样本需要在空间上满足独立性分布。由于广西不能满足其假设,那么在运用普通计量模型进行参数模拟时，将忽略残差项的空间相关性，易导致估计结果与轨迹存在一定的偏差。因此，本书需要进一步采用空间计量模型来分析广西各金融因素对绿色发展水平的影响。

现有的空间计量模型根据所反映空间相关性对象的不同，可以分为：反应被解释变量之间的空间相关性对应空间滞后模型、反映误差项之间的空间相关性对应空间误差模型、空间杜宾模型。本书主要通过采用空间杜宾模型来分析空间的溢出效应，广西金融因素的变化不仅会影响该区域的绿色发展水平，还会影响到广西其他地区的绿色发展水平。前者的影响定义为直接效应，后者的影响定义为间接效应，但后者能够体现出空间的溢出效应。空间面板杜宾模型公式体现为：

$$Y_i = \rho_i W_i Y_i + X_i \beta_i + W_i X_i \gamma_i + \varepsilon_i \tag{5-5}$$

$$EG_i = \rho_i W_i EG_i + \beta_1 SCA_i + \beta_2 EFF_i + \beta_3 STR_i + \beta_4 GOV_i + \beta_5 GDP_i + \beta_6 EDC_i + \beta_7 IIF_i + W_i SCA_i \gamma_1 + W_i EFF_i \gamma_2 + W_i STR_i \gamma_3 + W_i GOV_i \gamma_4 + W_i GDP_i \gamma_5 + W_i EDC_i \gamma_6 + W_i IFF_i \gamma_7 + \varepsilon_i \tag{5-6}$$

其中，Y_i 是一个 n×1 维被解释变量向量，X_i（n×k）是外生解释变量矩阵，β_i 均是 k×1 维的参数向量，ρ_i 和 γ_i 分别是空间滞后回归系数和空间误差回归系数，反映空间因素对本区域的影响，ε_i 为随机误差项，且 $\varepsilon_i \sim N(0, \sigma^2 I_n)$，W 为 n 阶空间权重矩阵，空间权重矩阵可以根据邻近关系来设定，相邻区域赋值为 1，其他区域赋值为 0。

由表 5-4 可知，空间固定效应、时间固定效应和双固定效应的空间杜宾模型的对数似然值分别为 110.24、94.67、124.63，由于时间固定效应和双固定效应模型的拟合优度系数显著低于空间固定模型的拟合优度系数。可知空间固定效应的显著性水平高，模型检验更加可靠。因此，本书主要分析空间固定情况下各被解释变量的直接效应、间接效应和总效应。

表 5-4 空间计量模型检验

	空间固定效应	时间固定效应	双固定效应
拟合优度系数（R^2）	0.7529	0.1248	0.1439
双数似然值	110.24	94.67	124.63

表 5-5 空间杜宾模型（SDM）结果

变量	直接效应 空间固定效应	直接效应 时间固定效应	直接效应 双固定效应	间接效应 空间固定效应	间接效应 时间固定效应	间接效应 双固定效应	总效应 空间固定效应	总效应 时间固定效应	总效应 双固定效应
SCA	1.439*** (4.683)	0.541 (1.004)	0.100 (0.101)	0.581 (0.113)	0.854 (1.295)	-4.267 (-1.551)	1.973** (2.013)	1.388 (0.431)	-4.274 (-1.238)
EFF	0.216*** (6.855)	0.215*** (6.421)	0.216*** (10.062)	-0.123 (-1.043)	0.137 (1.041)	0.035 (0.496)	0.091 (0.628)	0.368** (2.386)	0.290*** (3.660)
STR	-0.216*** (-3.627)	-0.178*** (-2.293)	-0.134* (-1.887)	-0.523** (-2.091)	0.0372 (0.142)	0.001 (0.003)	-0.78*** (-2.631)	-0.150 (-0.394)	-0.145 (-0.576)
GOV	0.627*** (4.832)	-0.139 (-1.054)	0.407** (2.054)	2.47*** (2.677)	0.415 (0.902)	-0.039 (-0.040)	3.41*** (3.198)	0.328 (0.540)	0.379 (0.417)
GDP	-1.838*** (-3.824)	-0.514 (-0.193)	-1.002*** (-2.796)	-6.82*** (-2.971)	0.573 (0.373)	-1.956* (-1.575)	-9.25*** (-3.224)	0.223 (0.102)	-3.085** (-2.040)
EDC	-0.0489 (-0.763)	0.266*** (2.640)	-0.016 (-0.199)	-0.214 (-0.796)	0.168 (0.429)	-0.106 (-0.480)	-0.193 (-0.874)	0.444 (0.889)	-0.134 (-0.451)
IIF	1.105*** (3.218)	0.405 (1.155)	0.646*** (2.713)	3.081** (2.292)	-1.326 (-0.907)	0.705 (0.920)	4.143** (2.160)	-0.921 (-0.523)	1.351 (1.458)

注：（ ）内为数值为 t 统计值。***、**、* 分别表示在 1%、5%、10% 的水平下显著的。

根据表 5-5 的实证结果表明，农村金融因素整体对绿色发展有明显的促进作用，同时存在空间聚集效果以及直接效应、间接效应的差异。具体包括：首先，在金融规模的空间固定效应下，直接效应、间接效应和总效应均为正。由此可知，随着广西金融规模的不断扩大，可以促进广西经济的快速发展，并推动其绿色化，可持续化发展水平不断提高。其次，广西金融效率的直接效应显著为正。虽然有一些存在负的空间溢出效应，但使得总效应的正向影响效果较为微弱并且并不显著，这主要是基于现在广西的金融效率水平较低，尚未发挥出对邻近区域的正向促进作用，所以拉低了其绿色发展效率。最后，广西的金融结构从直接效应、间接效应以及总效应均对其绿色发展存在负面影响。这表明优化广西的金融结构，促进金融市场和体系的完善是极为重要的；控制变量方面，值得关注的是政府的财政支出以及人均固定投资的增长可以发挥较强的空间溢出效应，通过扩大财政支出，提高人均固定资产投资额可以带动广西临近地区的发展水平的提升。

5.1.3 研究结论

本书基于 2011—2020 年广西 14 个市域的面板数据，采用空间杜宾模型深入研究广西绿色发展的空间分布特征，并进一步深入研究广西各金融因素对绿色发展的影响与作用路径，实证的结果表明：广西绿色发展存在较强的空间自相关特点。具体表现为，广西绿色发展水平较高的地区，更倾向于与绿色发展水平同样较高的地区集聚，反之亦然，存在明显的正向空间溢出效应。而在采用最小二乘法估计时，由于忽略了残差项的空间相关性，从而模型的估计结果与实际情况存在较大的偏差，导致模型回归结果缺乏解释力。因此，本书进一步采用空间杜宾模型分析广西各金融因素对绿色发展水平的影响。

结果表明，在空间固定的情况下，首先，通过扩大广西的金融规模以及提高其金融效率，可以促进绿色发展水平的提高。其次，广西金融结构则对其绿色发展水平存在负面的影响，主要是基于现有广西金融结构尚未得到优化，对绿色发展水平的支持作用还未体现，因此阻碍了绿色发展水平的提高。最后，基于控制变量的实证检验结果可知，通过扩大政府财政支出，提高人均固定资产投资额，可以发挥对广西绿色发展水平正向激励作用。总体而言，广西金融规模、金融效率、财政支出等均具有显著的空

第5章 促进广西绿色经济发展的作用机制分析

间溢出效应。以上变量的提高，不仅会对本地区的绿色发展水平产生正向影响，还可以通过空间的传导机制，进而带动周边地区金融水平的提升，促进邻近区域的经济发展。因此，为更好提高广西经济发展水平，本书认为，可从以下几方面作为主要抓手，以增强金融因素对经济发展的支持作用。

（1）优化广西金融结构。推动广西金融结构不断优化，需围绕绿色发展的主题，践行绿色发展观，发挥两者的协同作用，进而实现广西金融绿色发展目标，激活广西金融可持续发展的动力。广西绿色金融发展在本地区的金融体系中所呈现的重要性日益凸显，随着乡村振兴战略的持续推进，着力加快经济较为靠后地区的整体发展速度，优化广西金融结构，加快建立多层次、覆盖广、可持续的现代绿色金融体系显得至关重要。优化广西金融结构的举措主要包括两部分：

一方面，优化广西信贷结构。广西信贷在其金融结构中占比较大，目前，广西绿色农业、低碳农业的前期投入以及当地绿色企业的发展贷款，大多数均以信贷方式为主。而针对广西小型绿色企业面临的资金不足问题，当地金融机构可以采取进一步拓展市场、丰富产品类型和服务种类、优化信贷结构、扩大绿色信贷的比例等措施，从而建立比较完善的绿色信贷放款机制体系，以此来满足广西特色化信贷的需求。绿色化、低碳化作为广西转型升级的主要方向，这就要求金融机构需提高服务质量，与当地绿色发展的资金需求逐步相契合，通过优化内部信贷结构，为当地产业的绿色发展提供资金助力。

另一方面，丰富绿色金融业务。广西的金融机构作为支持绿色发展的重要动力源泉，不仅需要拓宽绿色金融服务提供的广度，还需要提高绿色金融服务的丰富度。首先，逐步放开广西金融市场准入的金融机构，增设村镇银行、互助社等新型金融机构的网点数量，扩大广西金融机构的服务供给，注重绿色金融服务。其次，将节能环保、低碳减排作为业务审批的主要前提和重要考虑因素，有助于降低广西中小型金融机构的政策风险，提升当地金融机构的社会形象和行业影响力，助力广西绿色经济可持续发展。最后，不断发展广西绿色金融业务，增加业务产品与服务种类的丰富度，满足广大客户群体的个性化，差异化的绿色金融服务需求，扩大内部各种类型金融产品的提供比例，推动广西金融机构的优化升级，促进本地的绿色经济发展。

（2）提高广西绿色资金利用效率。在优化广西绿色金融供给机构基础上，加强对广西地区的绿色资金利用效率的规范管理。由于广西自身基础设施建设相较滞后，农业投资回报率较低且周期性比较长，会存在一定收益风险性和不确定性，所以大多绿色资金更倾向于流向城市地区。此外，广西绿色金融支持以第二产业和第三产业为主，包括节能环保型和技术创新型这两种类型，而这类产业大多需要技术的研发与引进，前期投入成本较高、不确定性大，这就造成当地金融机构的绿色金融支持难以转化为推动绿色产业及经济发展的动力。因此，广西金融发展布局不仅需要在量上实现正向增长，还要在质上有所突破。

一方面，广西通过加大对绿色数据的披露力度，建立健全完善的绿色数据平台，尽可能降低绿色资金使用风险，提高绿色资金的利用效率，从而发挥广西金融对绿色经济的助推作用。另一方面，广西通过加大绿色发展理念的宣传力度，树立广西绿色金融与绿色发展之间的协同作用的理念，构建起广西绿色金融现代化、集约化、规模化管理模式，增强金融机构自身抗风险的能力和处理效率，不断提高绿色资金的回报率，以吸引更多绿色资金投入广西绿色经济发展产业中。

（3）完善广西绿色金融供给服务。广西绿色金融供给服务主要涉及基础设施、政策体系、管理平台等方面。健全完善的金融供给服务，激活本地区绿色经济发展动力。首先，就政府层面而言，需加大对绿色金融的政策支持力度，可以通过出台支持绿色金融的相关政策体系和策略，投入资金积极建设广西的金融基础设施，不断完善广西信用体系、建立健全广西绿色数据平台。以绿色项目认定标准，信息披露制度和税收优惠政策等措施，进一步引导更多绿色资金向广西绿色经济发展倾斜，助力广西绿色产业经济发展。其次，通过设立规范性的标准和管理体系，来提高广西绿色资金的利用效率，最大程度上降低绿色资金的使用风险。再次，就市场层面而言，广西金融机构需要提高自身对绿色金融服务的积极性和主动性，鼓励支持中小型金融机构完善自身绿色产品供给体系，丰富绿色产品与服务种类，加强风控机制管理与差异化考核指标。同时，广大金融机构需切实履行绿色金融支持政策，满足广西绿色经济发展差异化金融的需求，提高整体供给能力。最后，就社会层面而言，需要发挥社会组织与广大群众的监督服务功能，坚持对绿色金融项目进行定期监测，加强技术评估和分析，通过对绿色金融项目的透明性和可行性作出约束，以此保证绿色资金的使用效率。

5.2 绿色金融促进产业结构优化的机理分析

5.2.1 背景与研究意义

能源消耗、气候保护、生态环境等逐渐成为很多学者研究的课题。各国在注重经济社会高速发展的同时，更加关注发展是否符合可持续、绿色、环保的核心要素。金融作为发展产业结构调整优化的重要推动力，在可持续发展的时代背景下，新型金融体系应运而生，即绿色金融体系。本书通过研究绿色金融发展对广西产业结构的积极影响，并梳理出绿色金融对产业结构优化的促进机制，运用灰色关联理论与模型，实证研究广西绿色金融发展与三大产业之间的关系，针对实证结果提出可行性建议，以推动绿色金融促进广西产业结构的优化，实现经济持续健康发展的总体目标。

英国古典政治经济学家威廉·配第最先提出产业结构的基本概念与理论，随后 Fisher 在此基础上细化了产业结构三大分类。产业结构的明确分类意味着产业结构理论的进一步发展与完善。此后，英国的学者进一步丰富其理论内涵，探索了产业结构与国家产出、劳动力投入的关系。根据配第—克拉克定理表明，产业结构会随着国家经济的持续健康发展和民众收入水平的提升而不断优化。具体表现为劳动力的迁徙从第一产业到第二产业，再到第三产业，而产业结构的变动趋势则表现为第二产业和第三产业在 GDP 中的占比相较于第一产业逐步上升。整体看来则是占据优势地位的主导产业将不断扩大其比重，实现产业结构的逐步优化。

国外学者在研究过程中面对经济增长的资源与环境瓶颈，逐步开始关注可持续发展的课题，主要有涉及经济可持续发展、产业结构的调整优化与转型升级等各个方面的讨论。Goldsmith（1969）首先对金融结构与产业结构转型升级之间的关系进行研究分析，并利用 35 个国家的面板数据样本进行实证研究，证实了金融资产结构的调整有利于促进产业结构的转型升级，表明两者存在相关性。Jose Salazar（1998）则进一步研究了金融市场相关金融工具包括绿色信贷、绿色基金、绿色债券等对产业结构优化的调整作用。Aintablian 等（2007）指出，银行在放贷时通过对高污染等项目的贷款采取高利率等限制措施，控制环境风险，有力引导资金流向环境保护产业，促进产业结构优化和可持续发展。

国内学者多从实证角度分析绿色金融与产业结构优化的相关性。谭春兰等（2013）运用灰色关联度分析方法发现绿色金融发展对海洋三大产业结构发展具有一定相关性。对于海洋产业结构的调整，绿色金融在其中可以发挥高度化、合理化的迈进作用，促进海洋产业结构优化调整。王立国、赵婉妤（2015）基于金融发展和产业结构变迁理论，采用 VAR 模型实证检验金融发展与产业结构升级的相关关系，表明随着金融发展规模的不断拓展、内部结构的日益完善，将对产业结构转型升级产生正向影响。唐勇（2018）深入研究我国绿色金融发展对产业转型升级的促进情况，指出绿色金融对产业结构的升级作用将受到时间积累的影响，短期作用尚不明显，随着时间的推移，长期则将发挥正向的促进作用。郭幼佳（2018）强调社会多方协同，各主体机关的默契配合才能发挥绿色金融体系发展对产业结构化的促进作用，具体需要政府、企业、银行等多方发力。

结合现有研究成果，国外学者侧重从可持续金融方面强调推广绿色信贷，加强绿色金融的管理约束以及产业结构的理论构建，主要偏向于理论研究。而国内学者多以实证研究为主，基于实证分析探讨金融发展与产业结构优化的问题。我国绿色金融政策实施时间较短，很少有学者研究绿色金融和产业结构之间的关系，虽有部分学者对两者的关系进行了研究，但存在绿色金融指标选取单一等情况。

5.2.2 广西绿色金融发展与产业结构现状

1. 绿色金融的发展现状

绿色金融作为一个新兴概念，基于国外可持续发展并结合我国基本实情提出，发展绿色金融以实现保护环境、节约资源、协调经济可持续发展为目的。绿色金融相较于传统金融在支持经济发展理念进行了一定的创新和改进，以经济增长与生态可持续发展作为共赢的目标，改变传统的粗放式经济增长方式。通过将环保的因素纳入评价考核体系中，引导资金流向绿色环保产业、促进经济可持续发展、优化资金的配置，在保障资本回报率最大的情况下，降低环境风险和损失，探索生态保护与经济效益良性互动的新模式。

我国绿色金融发展现状是以绿色信贷为主，绿色金融、绿色保险仍处于新兴发展阶段，尚不完善。而绿色信贷的知识导向作用主要体现在对于节能环保型项目的贷款，以及银行机构对于其余绿色项目的信用类贷款。从我国绿色信贷方面贷款余额增长变动情况来看，2016—2020年我国节能环保和绿色信贷余额波动呈现上升趋势，同时，就银行机构整体的绿色信贷余额增幅大于节能环保项目贷款余额的增幅，绿色信贷余额从75046.87亿元增到88357.16亿元，相较于节能环保项目的总贷款余额高超过10000亿元，如表5-8所示。我国银行等金融机构的绿色信贷项目主要针对三大战略新兴产业，包括生产制造端的项目贷款以及各类绿色建筑类的环保类贷款，主要用于支持新能源汽车的发展以及节能环保产业的生产和销售。随着绿色化、可持续发展逐渐成为未来持续发展趋势，我国的节能环保和绿色信用贷款将迎来持续增长，未来绿色金融发展前景广泛，为更好发挥对于广西的经济支持作用，绿色金融需不断扩大其规模，优化其结构，激活当地绿色经济的发展动力，如表5-6所示。

表5-6 2016—2020年节能环保和绿色信贷余额波动

项 目	2016年	2017年	2018年	2019年	2020年
节能环保项目的贷款余额/亿元	58090.34	64363.86	68201.57	73617.36	78113.36
银行机构的绿色信贷余额/亿元	75046.87	81128.29	83066.13	85107.24	88357.16

就广西绿色金融发展现状而言，2022年，广西GDP总量为2.63万亿元，位居全国第19位。2022年，运用各类货币政策工具，为广西金融体系提供流动性1840亿元。值得关注的是，广西在全国各省的经济地位及金融行业发展排名相较靠后。根据各项数据表明，广西在提升国民生产总值的同时，其绿色金融发展改革还需要不断增强发展动力，适应发展新形势，促进当地经济绿色化发展、可持续发展。当前，我国大力倡导发展绿色金融，发挥金融业在投融资决策中的支持作用，将环境保护作为引导资金配置的一项重要考虑因素。通过健全绿色金融法律法规，逐步完善金融机构绿色服务体系，丰富金融市场中绿色信贷、绿色保险、绿色基金等各类金融产品，满足当地经济绿色发展需求。

2. 产业结构现状

产业结构优化一般可以分成两个阶段：产业结构的合理化和产业结构的优化与升级。产业结构的合理化是通过经济调节来实现的，再进一步进行协调实现产业结构从低层次向高层次的进一步提升。经济发展所处阶段需要有相应的产业结构来适应，才能进一步发挥协同作用。

广西经济的发展离不开产业结构的转型和调整，产业生产过程中积累的资本技术将随着产业结构的变化而逐渐调整。通过对广西产业结构演进的分析发现，其三大产业结构之间波动明显。首先，2005—2019年，广西的第一产业占比呈现明显的下降趋势，下降比重超过6%。相比之下，2005—2015年，广西第二产业占比有显著的提升，由37%上升至45.8%。与此同时，2010年，第三产业中的服务业逐渐崛起，对其产业结构贡献度提升，促进经济发展，产业结构的占比从2010年的35%升至2019年的50.7%。此时，广西的产业结构呈现以第三产业为主的发展趋势，服务业占比扩大，并占据产业结构的主导地位。

根据整体分析广西产业结构的变动可知，2000年以前，广西的产业结构是以第二产业为主，但在2010年之后，第二产业的占比逐渐有所下降，第三产业占比提高，发展动能增强，并不断占据产业结构的主导地位，如表5-7所示。

第5章 促进广西绿色经济发展的作用机制分析

表 5-7 广西 14 个地市的各产业占比情况

单位：%

地市名称	第一产业占比 2005年	第一产业占比 2010年	第一产业占比 2015年	第一产业占比 2019年	第二产业占比 2005年	第二产业占比 2010年	第二产业占比 2015年	第二产业占比 2019年	第三产业占比 2005年	第三产业占比 2010年	第三产业占比 2015年	第三产业占比 2019年
南宁市	16.55	13.58	10.88	11.26	31.96	36.21	39.45	23.19	51.49	50.21	49.67	65.56
柳州市	11.51	8.32	7.27	7.14	51.97	63.86	56.56	49.61	36.51	27.82	36.17	43.25
桂林市	23.68	18.42	17.48	23.12	39.66	44.61	46.37	22.56	36.66	36.96	36.15	54.32
梧州市	21.82	13.80	11.35	16.34	42.74	58.91	57.85	34.45	35.45	27.29	30.80	49.20
北海市	25.17	21.72	17.87	16.27	37.78	41.82	50.47	42.88	37.04	36.46	31.67	40.84
防城港市	23.87	14.80	12.16	15.60	38.01	49.86	56.87	47.18	38.12	35.33	30.97	37.22
钦州市	38.08	25.39	21.64	20.63	31.66	41.97	40.42	33.31	30.26	32.64	37.94	46.06
贵港市	29.27	19.84	20.11	17.12	33.91	45.58	40.28	36.56	36.83	34.58	39.62	46.31
玉林市	29.08	20.44	17.92	19.23	33.84	44.44	43.97	27.94	37.08	35.12	38.10	52.83
百色市	26.70	18.33	17.28	19.49	44.16	54.70	52.19	40.42	29.14	26.97	30.53	40.08
贺州市	31.18	21.45	22.03	19.18	43.70	47.01	40.31	34.98	25.14	31.54	37.66	45.84
河池市	28.29	20.88	22.78	21.52	36.76	46.14	32.36	28.17	34.95	32.98	44.85	50.31
来宾市	36.16	24.14	24.52	25.15	38.62	47.47	39.08	27.85	25.22	28.39	36.39	47.00
崇左市	36.62	29.27	22.71	22.38	28.87	38.00	40.22	28.10	34.52	32.73	37.07	49.52

通过内在结构分析，2005—2019年，广西的三次产业结构占比的变动情况可知：广西14个地区的第一产业的占比呈现不同幅度的下降。其中，钦州市、崇左市、贺州市下降最为突出，其第一产业的所占比重下降幅度均超过9%。此外，随着广西的部分地区第一产业比重的下降，2019年柳州市和南宁市的第一产业占GDP比重已接近全国的平均水平，柳州市和南宁市服务化业发展迅速，服务水平不断提高，其经济发展情况在全广西排名领先。此外，从第二产业占比而言，2005—2015年，广西各地级州市的第二产业整体呈现上升趋势。但从2015—2019年，广西各市的第二产业占比均呈现出明显的下降。就广西第三产业占比而言，2005—2019年呈现出先下降后上升的趋势，第三产业作为广西的主导产业来推动当地的经济发展。

5.2.3 绿色金融对产业结构优化的促进机制

绿色金融对产业结构优化升级的促进机制，包括资本形成机制、资金导向机制、产业整合机制，信息传导机制和风险分配机制，如图5-1所示。

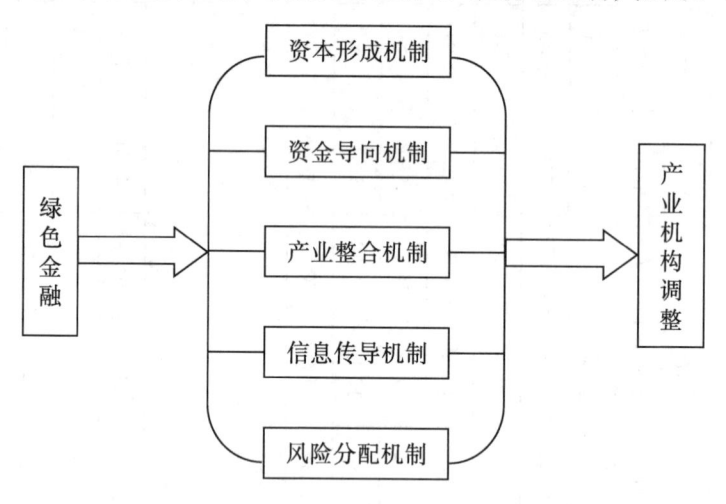

图5-1 绿色金融促进产业结构调整的作用机理

1. 资本形成机制

绿色金融可以通过降低绿色融资成本，帮助绿色型企业降低发展成本。绿色金融通过调控绿色金融产品，使企业环境风险显性化、成本具体化，提高高污染项目的成本，遏制污染型企业盲目扩张。借助绿色信贷是市场绿色基金市场以及碳排放交易市场的资产定价、资本形成功能，使负外部性内部化。这会造成企业资源价格上涨，而生存成本的提高迫使第一产业和第二产业减少或退出市场，绿色可持续发展型企业比重增大，最终实现产业结构优化调整。

2. 资金导向机制

绿色金融通过引导资金流向，大力扶持国家支持的绿色发展产业。具体表现为金融机构在作出融资抉择时，将环境保护可持续发展作为重要考虑因素，并加大对于环境治理类项目的支持力度，引导金融资源流向利于绿色发展的领域，对粗放式、盲目扩张的高能耗企业发展进行加以限制。一方面，通过设立资金门槛，如设置绿色信贷资金放款门槛，促使资金流向节能减排、环保企业，同时对于高能耗、高污染的企业提高资金门槛，加大限制力度。另一方面，以资金支持绿色型企业发展创新。为企业技术创新、管理创新、体制创新、要素合理分配提供资金支持，保障其资金来源通畅。借助绿色金融的资金导向作用，逐步把高污染、高能耗的企业项目剔除掉，实现由双高企业转向双低产业的支持。

3. 产业整合机制

绿色金融促进产业结构调整的整合机制主要通过对于资源的分配。一方面，绿色金融会带动更多的社会资本和资源流向环保节能和清洁型企业，并为其提供发展资源，形成资源聚集。而高污染、高能耗的企业获取的资源不断减少，发展受到限制，只有通过资源的整合，实现绿色型产业。另一方面，产业结构升级会反向促使金融需求的聚集和支持模式的转变，具体包括金融服务多元化、现代化，以此契合产业转型需求，并从政策体系上和支持服务上为产业整合绿色发展提供更广阔的渠道。

4. 信息传导机制

绿色金融市场通过价格发现功能与信息披露制度，能向公众传导各种价格信息。买卖双方通过公开竞价的成交价格反映了当前市场的供求关系和未来市场的预期，体现了绿色金融市场价格发现的功能，并且在金融市场中具有严格的信息披露制度。因此市场中一系列的价格信息和价格波动将很快传导给公众，从而指导生产者优化自身经营活动进行绿色化发展，并促使投资者在决策判断时更多考虑绿色的经济活动项目。

5. 风险分配机制

绿色金融通过风险分配的方式帮助风险较大的绿色发展型企业有效获取资金。通常传统企业的投资风险较小，而绿色发展型企业由于其技术创新、管理创新，需前期投入资金较大，存在较高风险。所以投资者大多选择将资金流向风险较小而能耗污染较高的传统型企业，对于风险较大的发展型绿色企业，投资吸引力较低。基于绿色金融市场的风险再分配功能和多样化的资金组合分散投资风险，一方面可以帮助投资者分散绿色项目的投资风险，扩大投资项目的选择范围，可考虑前期投入较大、存在一定风险但未来收入可观的绿色项目。另一方面，从产业结构优化角度，市场的风险分配机制降低了投资者的顾虑，引导更多资金流向绿色项目，帮助其获得发展所需资金，助力其长远发展。

5.2.4 广西绿色金融促进产业结构优化的实证分析

1. 模型与指标选取

基于理论层面定性的分析，为深入研究金融与产业结构优化的策略，以及两者之间的关联性。本书选取灰色关联度作为分析模型，进一步用实证检验两者的关联度。

一方面，在方法的选择上，分析方法等大多是用来进行系统分析的有效方法，但存在一定的不足之处。首先，此类分析方法需要大量的数据样本作为支撑，只有充足的数据样本才能保证统计规律的正确性和科学性，才能得到可靠的检验结果。其次，此类分析方法要求数据样本满足某个典型概率分布，且各特征数据与各因素数据之间存在线性关系的同时各因素需满足无相关性。最后，就分析结构的稳定性而言，容易出现与定性结果不符的情况，易导致规律发生颠倒或产生偏差。

另一方面，考虑到我国在绿色金融发展方面对于绿色信贷的研究相对较晚，且绿色信贷方面的数据有限、数据样本较少，难以满足传统回归分析等数统分析的要求。灰色度关联分析法可以有效弥补数理分析方法所产生的不足，无论样本的多少、是否具有规律都可以适用，产生与定性分析结果偏差过大的可能性较低，其分析的基本思维是基于序列曲线几何形状的相似程度来判断绿色金融与产业结构两者之间的关系是否紧密。若曲线接近，则两者的关联度就越大。

2. 灰色关联度分析法

在研究广西绿色金融与产业结构优化的相关性时，数据样本为广西2011—2020年的数据，考虑数据样本仅包括10年，需要避免时间序列的样本数据由于数据样本量不够大对进一步深入分析产生的不利影响，同时考虑到用回归分析法，可能存在自由度偏低而产生假性回归等实证有误问题。因此，采用灰色关联分析法，分析和确定绿色金融和产业结构优化之间的相关性，可以弥补样本信息不充分的问题。

在实证研究过程中，本研究基于灰色关联分析法，分别从静态层面的绝对灰色关联度、动态层面灰色相对关联度、动静结合层面灰色综合关联度全面分析广西绿色金融与产业结构之间的关联关系。灰色关联度的计算可以分为以下6个步骤：

第一步，构建因素序列。即分别设立因变量和自变量，母序列即因变量，对应广西绿色发展；而子序列即为自变量，对应绿色金融，具体指广西绿色信贷。

$$X_i(k)=\{x_i(1),x_i(2),...,x_i(n)\} \quad (5-7)$$

$$X_0(k)=\{x_0(1),x_0(2),...,x_0(n)\} \quad (5-8)$$

在式（5-7），（5-8）中，0和i代表变量，k代表年份。

第二步，计算关联系数。计算公式为：

$$\xi_{0i}(k)=\frac{\min\limits_{i}\min\limits_{k}|X_0(k)-X_i(k)|+\zeta\max\limits_{i}\max\limits_{k}|X_0(k)-X_i(k)|}{|X_0(k)-X_i(k)|+\zeta\max\limits_{i}\max\limits_{k}|X_0(k)-X_i(k)|} \quad (5-9)$$

在式（5-9）其中，$\xi_{0i}(k)$是第k个时刻因变量0与自变量i的相对差值，即X_i对X_0在k时刻的关联系数。ζ为分辨系数，用于减少极值对计算的影响，其取值为$\zeta\in(0,1)$，在实际应用中通常取$\zeta=0.5$。

第三步，计算关联度。先求出各因变量0与自变量i每个年份的关联系数平均数以算出关联度。计算公式为：

$$\gamma_{0i}=\frac{1}{n}\sum_{t=1}^{n}\delta_{0i}(t) \quad (5-10)$$

在式（5-10）中，γ_{0i}是因办理0和自变量i的关联度，n为年份，即时间序列。

第四步,从静态层面计算绝对灰色关联度。计算公式为:

$$\varepsilon_{0i} = \frac{1+|s_0|+|s_i|}{1+|s_0|+|s_i|+|s_i-s_0|} \quad (5-11)$$

其中:

$$X_0^0 = \{x_0^0(1), x_0^0(2),..., x_0^0(n)\}$$
$$X_i^0 = \{x_i^0(1), x_i^0(2),..., x_i^0(n)\}$$

$$\begin{cases} |s_0| = \left|\sum_{k=2}^{n-i} x_0^0(k) + \frac{1}{2} x_0^0(n)\right| \\ |s_i| = \left|\sum_{k=2}^{n-i} x_i^0(k) + \frac{1}{2} x_i^0(n)\right| \\ |s_i - s_0| = \left|\sum_{k=2}^{n-i} (x_i^0(k) - x_0^0(k)) + \frac{1}{2}(x_i^0(n) - x_0^0(n))\right| \end{cases} \quad (5-12)$$

灰色绝对关联度能够说明各数据的子母序列中几何图形的一个相似程度,若几何图形呈现效果越为相似,则两者的关联度越大,即广西绿色金融与产业结构之间关联度越高。

第五步,从动态层面计算灰色相对关联度。计算公式为:

$$\gamma_{0i} = \frac{1+|s_0'|+|s_i'|}{1+|s_0'|+|s_i'|+|s_i'-s_0'|}$$

$$X_i'(k) = \frac{x_i(k)}{x_1(k)}$$

其中:

$$\begin{cases} |s_0'| = \left|\sum_{k=2}^{n-1} x_0^{10}(k) + \frac{1}{2} x_0^{10}(n)\right| \\ |s_i'| = \left|\sum_{k=2}^{n-1} x_i^{10}(k) + \frac{1}{2} x_i^{10}(n)\right| \\ |s_i' - s_0'| = \left|\sum_{k=2}^{n-1} (x_i^{10}(k) - x_0^{10}(k)) + \frac{1}{2}(x_i^{10}(n) - x_0^{10}(n))\right| \end{cases} \quad (5-13)$$

在(5-13)中,γ_{0i}为自变量i与因变量0的灰色相对关联度。X_0',

X_i'是对初值不为零的初始序列经初值化处理得到的序列。灰色相对关联度高低可以表明母序列和子序列的相关关系，通过分析母序列和子序列相对于始点的变化速率的关联度，体现母序列和子序列两者之间的关联度。若两者的变化速率差值较小，极为接近。则母序列和子序列的关联度越大，即广西绿色金融与产业结构优化关联紧密。

第六步，动静结合计算灰色综合关联度。计算公式为：

$$\rho_{0i} = \theta_{0i} + (1-\theta)\gamma_{0i} \qquad (5-14)$$

在式（5-14）中，$\theta \in (0,1)$，取$\theta = 0.5$。而灰色综合关联度则可以较为全面的体现各数据的子母序列之间联系是否紧密关联的，它作为一个全面、综合的衡量指标不仅能反映几何意义上两者图案的相似而呈现出的序列相似程度，同时又可以结合相对灰色度的分析方法，体现出各序列相较于始点的变化速率的接近程度。

3. 实证分析

通过对于指标的选取以及数据的处理，可以分别计算出广西绿色信贷比以及第一产业、第二产业、第三产业分别占GDP的比重，以此来判断广西绿色信贷与各产业之间的关联度强弱是否相关和广西绿色金融是否对产业结构的优化调整发挥了正向促进作用。广西绿色信贷比和三大产业占GDP比重的数据，如表5-8所示。

表5-8 绿色信贷比及三大产业占GDP比重

单位：%

	2011年	2012年	2013年	2014年	2015年	2016年	2017年	2018年	2019年	2020年
绿色信贷比	7.14	8.32	9.66	10.22	11.02	11.78	12.26	12.81	13.45	15.72
第一产业占GDP比重	11.34	10.97	10.18	9.91	9.78	9.52	9.26	9.18	9.11	9.02
第二产业占GDP比重	47.56	47.89	47.26	46.79	47.18	47.51	47.69	48.06	48.21	48.72
第三产业占GDP比重	41.31	42.94	42.56	43.3	43.04	42.97	43.05	42.76	42.68	42.26

（1）灰色绝对关联度

将广西绿色信贷比数据与第一产业、第二产业、第三产业占GDP比重数据代入第四步的计算公式可得灰色绝对关联度数值分别为：

§$_{01}$ = 0.8019

§$_{02}$ = 0.9237

§$_{03}$ = 0.9102

实证结果显示，§$_{02}$ > §$_{03}$ > §$_{01}$，由此可知广西绿色信贷与第二产业占 GDP 比重的灰色绝对关联度最高，而广西绿色信贷比与第一产业占 GDP 比重的关联度是最低的。

（2）灰色相对关联度

将广西绿色信贷比与第一产业、第二产业、第三产业占 GDP 的比重带入第五步的计算公式当中，可得到灰色相对关联度数值分别为：

γ$_{01}$ = 0.6610

γ$_{02}$ = 0.5789

γ$_{03}$ = 0.5805

实证结果显示，γ$_{01}$ > γ$_{03}$ > γ$_{02}$，表明广西绿色信贷比与第一产业占 GDP 比重之间存在较高的相关关系，而广西绿色信贷比与第二产业占 GDP 比重的变化速率关联度较低。

（3）灰色综合关联度

将广西绿色信贷比与第一产业、第二产业、第三产业占 GDP 比重的相关数据分别代入第六步的计算公式中，由此可得到灰色综合关联度分别为：

ρ$_{01}$ = 0.7400

ρ$_{02}$ = 0.7481

ρ$_{03}$ = 0.7435

实证结果显示，ρ$_{02}$ > ρ$_{03}$ > ρ$_{01}$，表明广西绿色信贷比与第二产业占 GDP 比重的关联度最高，而与第一产业占 GDP 比重的关联性最低。总体而言，三者关联度较为接近。因此，广西绿色信贷与第一产业、第二产业、第三产业占比均存在一定的关联性。

5.2.5 实证结论

笔者通过运用灰色度关联分析方法，包括绝对灰色关联度，相对灰色关联度以及综合灰色关联度深入分析广西绿色金融与产业结构优化的联系。实证结果表明，广西绿色信贷与第二产业，第三产业占 GDP 的比重相似度较高，并且两者的变化速率也较为接近，存在一定的关联性。由此可知，当广西绿色信贷比提高，在信贷方面广西向绿色项目进行倾斜，增加对于绿色项目的资金投放额度时，其第二产业，第三产业占 GDP 的比重也相应有所提高。结合产业结构理论的演变规律分析，由于绿色信贷知识的产业大多是清洁环保、节能减排等高新技术产业，如新能源制造、数字制造、人工智能等产业，这表明涉及第二产业，第三产业较多。通过绿色信贷加大对于此类产业的金融支持的作用，可实现广西节能减排、可持续化发展的效果，有利于产业结构的优化和调整。另外，通过引导资金流向成本较高、前期发展较好的绿色产业，帮助企业获取所需发展资金，促进产业结构优化，实现广西可持续发展。

综上所述，广西在发展绿色金融、促进实现产业结构优化调整的目标时，现阶段的绿色发展行业主要以第二产业和第三行业为主，包括高新技术型、节能环保型等绿色发展型产业。通过发挥绿色信贷的资金导向作用和资金支持作用，以绿色金融赋能产业结构优化，一方面，可以为节能减排型以及符合可持续发展要求的行业获取更多的资金支持。另一方面，对于高能耗、高污染等不合理的产业结构的发展加以约束和限制。例如，国家给予新能源的制造以及人工智能等企业在项目融资方面的政策扶持和信贷优惠，加快了广西绿色产业的快速发展，拓展了其第二产业、第三产业的绿色化，进一步促进产业结构的优化。

第6章

广西绿色经济发展的实证研究

第6章 广西绿色经济发展的实证研究

6.1 绿色经济发展的实证背景与分析机理

6.1.1 绿色经济发展的实证背景

理论上绿色发展指的是在生态环境与资源承载力的约束下，达到经济、社会、人口和资源环境可持续发展的一种新型发展方式。其中，经济绿色发展既是绿色发展不可或缺的一部分，也是绿色发展水平的关键衡量指标。金融作为现代经济的核心和枢纽，对绿色经济的发展起着不可或缺的支持作用，而且绿色金融所遵循的生态环境保护理念与绿色经济的可持续发展的理念十分契合，二者相辅相成、协同配合为绿色发展注入动力，绿色金融和绿色经济一样，对可持续绿色发展的实现至关重要。

从广西的现实情况来看，广西各个地级市分布较广。其各个地区生态环境较为脆弱，但受"灰色发展"模式冲击相对较小，生态文明与传统文化保存较为完好。广西经济发展呈现出较大压力，特别是农村贫困人口数量仍然很多，经济相对而言比较落后，"贫困"因素将是广西绿色经济发展的瓶颈。因此，绿色经济发展水平的提升是广西高质量绿色发展得以实现的关键因素。与此同时，随着全国绿色金融改革创新试验的推进，广西更加重视绿色金融在绿色经济中发挥的重要作用，通过建立绿色金融体系推动广西经济的绿色发展，以及不断协调绿色金融与绿色经济关系，由此引领新的经济增长点和着力点，为绿色经济发展提供持续动力。

6.1.2 绿色经济发展的分析机理

随着可持续发展理念的不断深入，绿色经济与绿色金融的相互作用不断加深，绿色经济的可持续发展理念和绿色金融的生态环境保护原则具有高度契合的内在联系。本书基于绿色发展、生态文明、区域经济、可持续发展与发展经济学等理论，建立理论分析的框架，深层次分析绿色经济与绿色金融的耦合作用以及二者耦合协调发展的原理。如图6-1所示。

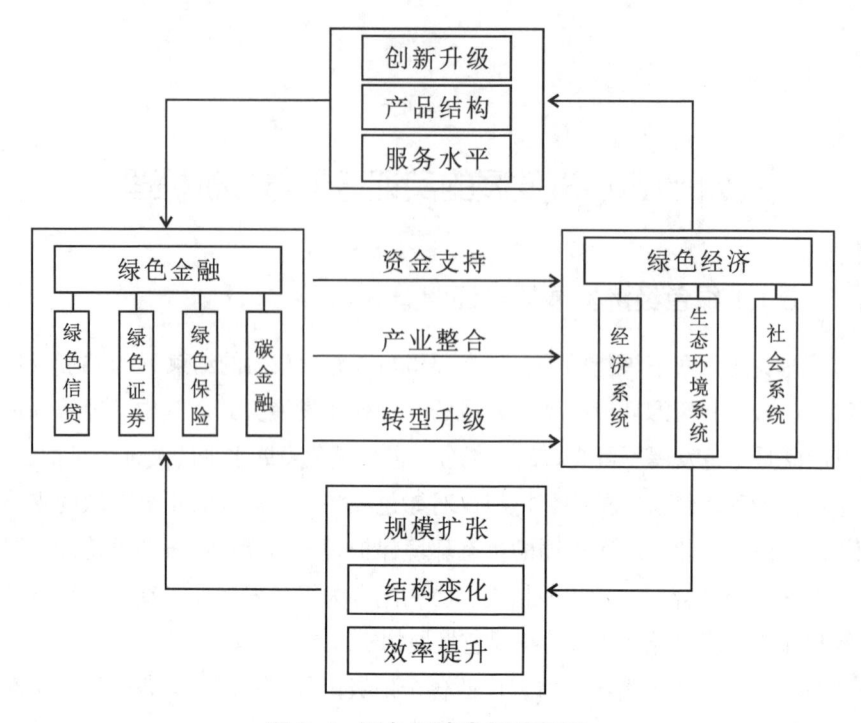

图 6-1　绿色经济发展路径图

6.1.3 绿色金融体系为绿色经济的发展提供支持

缺乏资金投入量一直是绿色经济发展的重要短板之一。由于这类产业的投入资金所产生收益的时间长、风险高的特点，绿色经济的发展仅借助相关部门的财政补助、税收优惠政策是不够的，金融体系长期稳定的资金扶持是不可或缺的。绿色金融发展为绿色经济带来了发展的突破口，金融体系足够的资金借助绿色金融的载体，能够有效促进绿色产业与相关企业的发展，完备的绿色金融体系将有力推进绿色经济的高速发展。在绿色经济体系框架内，通过绿色金融的资源配置作用，引导和调节经济社会中的各种资源，促使更多生产要素流入到绿色产业中，有效促进绿色产业链发展。

6.1.4 绿色经济的发展促进绿色金融的创新升级

绿色经济发展决定绿色金融的发展，绿色金融发展作用于绿色经济发展。绿色金融的发展需要和绿色经济发展水平相适应和相匹配。现阶段，广西绿色金融体系主要包含绿色保险、绿色信贷、绿色证券及碳金融等，绿色经济发展需要更高质量，更多功能的金融产品与之对应，金融产品必须在构造、服务质量与水平等多个方面持续创新升级以满足绿色经济发展的需要。

除此之外，不同于传统经济的发展方式，绿色经济的发展主打经济与环境共同提升，基于可持续性的准则打造环境友好、资源节约的绿色生产模式，促进经济与环境之间形成良性循环。同时，绿色经济发展必然催生出与之对应的绿色金融产品以满足绿色经济的资源要求，有利于促进绿色金融的发展。由此可见，绿色经济的快速建设为绿色金融的发展造就了巨大的空间规模，而绿色金融发展又加快了绿色经济的进程速度。绿色经济稳步推进所形成的极大融资需求，为绿色金融发展衍生出了各种发展方式，从而产生强劲推动力。

6.2 指标选取与研究方法

6.2.1 绿色发展综合评价指标的构建及说明

绿色发展综合评价指标的选择要遵循以下原则：一是科学性和普遍性的基本原则。指标体系理应体现绿色发展的含义，从科学的视角掌握发展的实质。除此之外，指标体系还需要综合性客观的体现社会经济发展、生态环境保护、社会进步等各个方面，不仅合乎绿色发展有关基础理论，还得合乎数理分析的基础理论，以此保证客观性。二是系统化和有针对性的原则。绿色发展涉及资源、经济、社会发展以及政府等多个方面，这是一个比较完善的指标体系。因而，所搭建的评价指标体系应体现出系统化，在挑选指标时，要确保尽可能简单化指标的总数，同时不遗漏重要的信息。与此同时，在系统化的前提下，根据广西绿色发展的实际情况，挑选指标应具有针对性，做到系统化与有针对性的统一协调。三是动态和静态相结合的原则。绿色发展一直处于动态的发展过程中，因而针对指标体系搭建也必须保证动态和静态紧密结合。在选择指标时，不仅包括静态数据指标，还需要包括动态性指标，既可以表现现阶段绿色经济发展水平，也能够适用广西绿色经济的未来发展趋势，为以后绿色经济的高速发展得出一定的参考建议。

根据以上标准，并参照世界各国已有的科研成果与广西现阶段的做法，同时结合绿色发展的本质含义、特点和广西绿色发展的实际情况，在已经有绿色发展评价指标体系的前提下，进一步搭建与完善广西绿色发展指标体系。指标体系构建主要依据经济体系、生态环境体系、社会体系三个方面。依据这三方面的内容，本书引进绿色金融指标与原来绿色发展评价指标体系的经济体系、生态环境体系及社会体系的16项指标，共同构建新的综合评价指标体系，为本书的实证研究打下科学、坚实的基础。

针对绿色金融的度量，2007—2008年，国家环境保护总局协同中国银监会、中国证监会、中国保监会等组织依次发布《关于落实环保政策法规防范信贷风险的意见》《关于加强上市公司环境保护监督管理工作的指导意见》，标志着我国绿色保险、绿色证券、绿色信贷三大环境经济政策体系产生。充分考虑广西各市相关数据的可获得性和便捷性，本书采用绿色投资来衡量绿色金融。将绿色投资分成环境保护投资占比和绿色环保公共支出占比，环境保护投资比例为环保投资与GDP的比率；绿色环保公共支出占比为绿色环保财政收支占财政支出总额比率。绿色金融的核心内容就是把资本集中之后再投资到各领域中，而且是投入到环保产业，有利于提升资本利用率。

6.2.2 数据来源

根据参照表6-1中的绿色经济和绿色金融评价指标体系和广西各地区分布特征和信息可获得性，笔者搜集整理了2016—2020年广西下辖地级市的面板数据，主要包括南宁市、柳州市、桂林市、梧州市、北海市、防城港市、钦州市、贵港市、玉林市、百色市、贺州市、河池市、来宾市、崇左市，选择以上14个地区作为研究样本具有一定的代表性和研究意义。针对14个地区缺乏的实证研究所需的数据，笔者应用均值插补法的办法填补空缺的数据。其中所涉及的原始数据来自2016—2020年的《统计年鉴》，具体包括《广西统计年鉴》《广西金融年鉴》《中国统计年鉴》及其各市区（州）统计年鉴等。

6.2.3 无量纲化处理

绿色经济体系包括 16 个指标，绿色金融系统由环境保护投资占比和绿色环保公共支出占比组成。评价指标按其作用趋势不同，可以分为正向指标、负向指标和适度指标。负向指标和适度指标需要进行指标正方向化处理，因为各指标量纲不统一，故对数据进行无量纲化处理，消除各指标量纲对实证的影响，将各指标取值控制在 [0，1] 之间。公式计算如下所示：

正向指标的计算公式为：

$$y_{ij} = \frac{x_{ij} - \min_{ij}}{\max_{ij} - \min_{ij}} \quad (6-1)$$

负向指标的计算公式为：

$$y_{ij} = \frac{\max_{ij} - x_{ij}}{\max_{ij} - \min_{ij}} \quad (6-2)$$

由于数据无量纲化处理会造成部分数据变为 0，为清除 0 对后面实证检验产生的影响，对无量纲化处理过的数据整体平移：

$$y_{ij}^* = y_{ij} + \alpha \quad (6-3)$$

在（6-3）式中：α 代表移动幅度，选择 α = 0.01 是为了尽量减少数据平移后对原始数据实证检验所产生的影响。

6.2.4 基于熵值法的评价体系

开展绿色发展水平的评价已经成为学术研究热门的话题，各方面的研究也还在不断完善。层次分析法、综合评分法和熵值法等都是常见的分析方法。在信息论中，信息熵展现了某种指标的指标值间的离散度。然而，熵值法是根据每个不同研究对象间指标数据表现出来的差异来决定指标数据信息权重的一种方法，由这类评价指标值所组成的判断矩阵来决定指标权重的方法，可以在确定指标权重环节防止主观因素所带来的误差，能够客观的体现各指标在综合指标体系中的作用，使评价产生的结论更切合实际。

运用熵值法确定各指标权重的过程如下所示：

首先，测算第 j 项指标中第 i 个数值占第 j 项指标全部数值总和的比例，计算公式为：

$$p_{ij} = x_{ij}^* \Big/ \sum_{i=1}^{m} x_{ij} \quad (6-4)$$

其次，利用熵值法计算各级指标的权重系数。

计算熵值，第 j 项指标的信息熵值为：

$$e_{ij} = -\frac{1}{\ln(m)} \sum_{k=1}^{k} P_{ij}^{(k)} \ln P_{ij}^{(k)} \tag{6-5}$$

在式（6-5）中，假定当 $P_{ij}=0$ 时，$P_{ij}*\ln P_{ij}=0$

计算差异性系数

$$d_{ij} = 1 - e_{ij} \tag{6-6}$$

由此可以得到第 j 项指标的权重为：

$$W_{ij} = d_{ij} \Big/ \sum_{j=1}^{n} d_{ij} \tag{6-7}$$

计算综合评价值为：

$$Z_i = \sum_{j=1}^{n} W_{ij} x_{ij}^* \tag{6-8}$$

6.2.5 耦合评价模型

"耦合"源于物理定义，指两个或两个以上系统或运动形式通过相互作用对各自产生影响出现协同的一种现象，笔者参考著名专家学者在耦合实验模型得出的研究成果，进一步研究广西绿色经济与绿色金融之间的耦合关联，建立模型如下所示：

$$C = \left\{ \frac{CE \times GF}{(CE+GF)^2} \right\}^{\frac{1}{2}} \tag{6-9}$$

在式（6-9）中：C 代表的是广西绿色经济综合指数与绿色金融指数的耦合度，C 的值介于（0，1）间，C 越接近 1，表明绿色经济系统和绿色金融系统之间的耦合度越大，协调程度越高，彼此之间的耦合协调效果越好；C 越接近 0，说明绿色经济与绿色金融的耦合度越小，协调程度越低，甚至会出现失调的情况；CE、GF 各自代表的是绿色经济综合指数和绿色投资水平。但耦合度只是体现了两个系统间的相互影响及其耦合程度，单一依据耦合度作出的评价，比较容易产生系统协同发展程度高、发展水平低的矛盾。为防止陷进"低发展陷阱"，需要将二者的综合发展情况充分考虑进去，因此引进耦合协调度模型来测度二者之间相互影响产生的良性耦合情况。建立耦合协调度模型如下所示：

$$\begin{cases} D=\sqrt{C \times T} \\ T=\alpha \times CE \times \beta GF \end{cases} \tag{6-10}$$

在式（6-10）中：D 为绿色经济与绿色金融间的耦合协调度，其值介于（0，1）之间；C 为绿色经济与绿色金融的耦合度；T 为绿色经济与绿色金融的综合协调指数，用于体现二者之间的总体协同作用；A 与 B 为未确定的参数。在本书中，因为绿色经济与绿色金融的重要性一致，所以两者相等均取为 0.5。

对于耦合度与耦合协调度的划分，学界尚无统一的标准，根据已有的研究成果，并充分考虑到研究对象的实际情况特征，对绿色经济与绿色金融的耦合度与耦合协调度等级的划分见表 6-1。

表 6-1 耦合度与耦合协调度划分标准

耦合度取值	耦合等级	耦合协调度取值	协调等级
0 < C < 0.3	极低耦合	0 < D < 0.3	极低协调
0.3 ≤ C < 0.4	低度耦合	0.3 ≤ D < 0.4	低度协调
0.4 ≤ C < 0.5	初级耦合	0.4 ≤ D < 0.5	初级协调
0.5 ≤ C < 0.6	中度耦合	0.5 ≤ D < 0.6	中度协调
0.6 ≤ C < 0.7	高度耦合	0.6 ≤ D < 0.7	高度协调
0.7 ≤ C < 1	极高耦合	0.7 ≤ D < 1	极高协调

6.3 实证研究结果

本研究构建的绿色发展评价指标体系包括 7 个二级指标、18 个三级指标。根据表 5-1 提出的广西绿色发展评价指标体系，利用相关统计数据计算得出评价指标体系中的指标原始数据。本研究采用的指标数据来源比较权威，具有较强代表性与客观性，从而可以很好地阐明广西绿色发展的基本状况。依照熵值法的研究步骤，本研究利用广西绿色发展的相关数据，每一年度数据视作一个研究样本，则广西 2016-2020 年期间绿色发展的综合评价包含了五个样本，评价体系包含 18 项指标，首先对指标的原始数据矩阵无量纲化和标准化处理，再应用熵值法的原理与操作步骤，测算得到每个指标熵值和权重。

6.3.1 综合指数得分

根据构建的绿色经济与绿色金融指标评价体系，应用熵值法计算出2016—2020年，广西14个地市的绿色经济和绿色金融各自的综合评价得分，并且根据平均综合得分对14个地区进行排名，见表6-2所示。

表6-2 广西14个地市的综合评价指数得分表

	地市名称	2016年	2017年	2018年	2019年	2020年	平均值	排名
绿色经济	南宁市	0.633	0.605	0.684	0.740	0.826	0.705	1
	柳州市	0.142	0.235	0.266	0.385	0.447	0.295	14
	桂林市	0.630	0.602	0.681	0.740	0.826	0.696	2
	百色市	0.268	0.330	0.342	0.399	0.434	0.354	7
	崇左市	0.339	0.378	0.395	0.423	0.498	0.406	4
	贺州市	0.207	0.306	0.405	0.443	0.478	0.368	5
	贵港市	0.221	0.234	0.289	0.378	0.433	0.311	12
	钦州市	0.198	0.241	0.278	0.367	0.429	0.303	13
	梧州市	0.212	0.255	0.296	0.401	0.441	0.321	10
	河池市	0.223	0.247	0.328	0.379	0.436	0.322	11
	防城港市	0.236	0.235	0.307	0.375	0.499	0.330	8
	玉林市	0.209	0.324	0.364	0.432	0.456	0.357	6
	来宾市	0.225	0.277	0.304	0.379	0.435	0.324	9
	北海市	0.438	0.542	0.545	0.605	0.688	0.564	3
绿色金融	南宁市	0.658	0.667	0.448	0.350	0.252	0.475	3
	柳州市	0.234	0.107	0.013	0.134	0.363	0.170	14
	桂林市	0.953	0.624	0.481	0.480	0.383	0.584	1
	百色市	0.572	0.447	0.338	0.234	0.147	0.348	5
	崇左市	0.423	0.098	0.154	0.114	0.300	0.218	13
	贺州市	0.568	0.577	0.358	0.260	0.162	0.385	4
	贵港市	0.311	0.281	0.203	0.271	0.151	0.243	11
	钦州市	0.512	0.407	0.318	0.232	0.177	0.329	6
	梧州市	0.432	0.379	0.298	0.187	0.165	0.258	10
	河池市	0.502	0.413	0.179	0.221	0.201	0.303	8
	防城港市	0.487	0.312	0.241	0.261	0.217	0.304	7
	玉林市	0.450	0.305	0.242	0.187	0.133	0.263	9
	来宾市	0.409	0.228	0.130	0.143	0.233	0.228	12
	北海市	0.755	0.423	0.345	0.480	0.383	0.477	2

根据表6-2各地区的综合评价指数得知，从整体上看，南宁市、桂林市和北海市绿色经济发展较为突出，其绿色经济评价数分别为0.705、0.696、0.564，其余11个地区发展较为平均；从时间上看，14个地区的绿色经济发展在2019年和2020年这两年较前几年均保持了一定程度的增长。由此来看，广西推行循环发展战略取得了一定的效果；在14个地区，南宁市的绿色经济的发展水平要远超剩余的13个地区的绿色经济的发展水平，这和南宁作为广西的省会城市，在区域内政策、人才资源等方面的优势密切相关。2017年，南宁市的绿色经济评价指数有一个小幅度降低，之后基本都能保持一个比较高的增长速度，2020年，达到了近几年最高评价指数0.826。虽然柳州市的绿色经济综合评价指数最低，平均值为0.295，但柳州市的绿色经济一直保持较好的增长态势，已经从2016年的0.142增长到2020年的0.447，可见增长速度比较快。

根据表6-2分析发现，各市的绿色投资水平随着发展政策等变化有一定的起伏，自2016年以来，出现不止一个地区的绿色投资水平降低的情况。根据表6-2的数据，桂林市、北海市和南宁市的绿色金额水平在0.4以上，绿色金融表现最好；绿色金融综合评价指数得分在0.3~0.4之间的有百色市、贺州市、河池市、钦州市和防城港市，绿色金融相对较好；绿色投资水平较低的区域有柳州市、来宾市、玉林市、贵港市、崇左市和梧州市，其绿色金融评价指数分别是0.170、0.228、0.263、0.243、0.218和0.258。

6.3.2 耦合度的计算与分析

根据对绿色经济与绿色金融评价指标体系的搭建，选用耦合协调模型测算2016—2020年广西绿色经济与绿色金融指数的耦合度，见表6-3所示。

表6-3 广西14个地市耦合度分布表

地市名称	2016年	2017年	2018年	2019年	2020年	平均值
南宁市	0.498	0.488	0.446	0.468	0.434	0.467
柳州市	0.485	0.463	0.209	0.438	0.497	0.418
桂林市	0.442	0.488	0.500	0.500	0.493	0.485
百色市	0.461	0.490	0.494	0.478	0.430	0.471
崇左市	0.497	0.404	0.449	0.409	0.484	0.449

续表

地市名称	2016年	2017年	2018年	2019年	2020年	平均值
贺州市	0.425	0.463	0.499	0.497	0.478	0.472
贵港市	0.432	0.465	0.497	0.489	0.471	0.471
钦州市	0.451	0.463	0.495	0.458	0.483	0.470
梧州市	0.472	0.452	0.487	0.473	0.467	0.470
河池市	0.461	0.488	0.491	0.467	0.456	0.473
防城港市	0.493	0.474	0.445	0.462	0.384	0.452
玉林市	0.465	0.500	0.490	0.459	0.418	0.466
来宾市	0.479	0.498	0.458	0.446	0.477	0.471
北海市	0.466	0.494	0.500	0.483	0.435	0.476

从总体来看，广西14个地市耦合度分布相对比较集中，平均值均处于0.4左右。耦合度平均值排行最高的是桂林市，平均值为0.485，在2016—2020年，桂林市发展趋势比较均衡，保持着一定程度的提高，凸显出良好的发展态势。桂林市被称作"天然大氧吧"，地区生态环境优异，与此同时，桂林市政府部门在守好发展与生态两条底线方面取得了一定的成效。北海市耦合度平均值为0.476，但在2016—2020年，北海市经历过一定程度的起伏，2018年的耦合度为0.500，达到中度耦合，但仍然是耦合度平均值第二的城市，这和北海市的发展理念密切相关，北海市的旅游业在广西具有相对优势，具有生态环境优美、生态环境保护优良的特点。由此来看，绿色经济与绿色金融的耦合协调与优良自然环境、绿色经济的良好发展模式、科学合理的产业布局及其绿色金融资源的投入密切相关。其他地区的耦合度平均值在0.449~0.473之间，总体差异性较小。

根据广西绿色经济与绿色金融耦合度的计算结果，进一步分析2016—2020年广西绿色经济与绿色金融耦合度空间分布情况。依据相关性分析得知，从空间分布上看，广西绿色经济与绿色金融发展属于比较平均；从时间上看，耦合度存在一定的起伏，但随着经济的不断发展，各地区的绿色经济与绿色金融的耦合关联有升有降，在2016年，广西14个地区均表现为初级耦合，但在2017年的玉林市、2018年时的桂林市和北海市、2019年时的桂林市均表现为中度耦合。2018年，柳州市表现为极低耦合，在

2020年，除了防城港市表现为低度耦合以外，其他13个地区均表现为初级耦合状态。在经济相对落后阶段，自然环境与经济社会之间的关系相对比较和谐，但随着经济的发展，过度的看重经济快速发展而忽略生态环境保护意义，比如政府部门引入很多高耗能、高污染的企业，金融资本过于追求经济收益而把大量资金投放到"两高一剩"产业中，出现绿色经济与绿色金融不协调的情况。只有随着相关部门的政策引导与激励、企业环境保护责任意识的增强、金融企业社会责任感的不断提升、绿色投资不断增长、金融企业资金运用开始转向绿色环保类公司，绿色经济与绿色金融的耦合度才会慢慢得到提高。

6.3.3 耦合协调度的测算与分析

因为耦合度只体现了两个系统间的相互影响及其程度，仅靠耦合度作出评价，很容易产生系统协同发展程度高、发展水平低的矛盾说法。所以，研究两者的良性耦合程度，进一步采用耦合协调模型计算2016—2020年广西绿色经济与绿色金融指数的耦合协调度，具体数值见表6-4所示。

由表6-4可知，广西14地市市绿色经济与绿色金融的耦合协调程度表现一般，耦合协调度平均值只有南宁市达到中度协调，为0.506；桂林市在2016年和2017年表现出中度协调；桂林市、北海市、百色市、贺州市总体上表现为初级协调；来宾市、玉林市、防城港市、河池市、梧州市、贵港市、钦州市、崇左市和柳州市属于低度协调。南宁市在2016年和2019年均达到中度协调，2020年的耦合协调值相比于2016年明显下降，绿色经济与绿色金融耦合协调度高和南宁市作为省会所具有的优势有着紧密的联系，南宁市一直都是广西经济增长的重心，并且作为旅游胜地，第三产业比较发达，生态环境保护工作成效显著。因此其绿色经济与绿色金融耦合发展趋势相对较好。桂林市的耦合协调度发展的表现相对稳定，2016年耦合协调度为0.536，2017年耦合协调度为0.501，都达到了中度协调，此后的三年略有下降呈现出初级协调。桂林市耦合度及其耦合协调度在广西各市中表现平稳，这和地方政府一直致力于绿色发展理念，维持社会经济发展与资源环境协调的诸多措施密切相关。耦合协调度最低的是柳州市，同时又是广西各地级市中耦合度最低。2016年—2020年，柳州市耦合协调度平均值仅有0.308，尤其在2018年出现极低协调，耦合协调值低为0.171。

柳州市的矿产资源丰富，社会经济发展也相对较好，绿色经济与绿色金融没达到较好耦合效果的主要原因在于资源环境与经济缺乏协调发展。

表6-4 广西14个地市耦合协调度分布表

地市名称	2016	2017	2018	2019	2020	平均值
南宁市	0.585	0.491	0.458	0.506	0.489	0.506
柳州市	0.302	0.281	0.171	0.337	0.449	0.308
桂林市	0.536	0.501	0.480	0.496	0.477	0.498
百色市	0.442	0.438	0.412	0.391	0.356	0.408
崇左市	0.435	0.310	0.351	0.331	0.439	0.373
贺州市	0.431	0.477	0.464	0.447	0.421	0.448
贵港市	0.423	0.398	0.254	0.414	0.309	0.360
钦州市	0.468	0.377	0.352	0.360	0.260	0.363
梧州市	0.367	0.380	0.305	0.371	0.356	0.356
河池市	0.412	0.409	0.334	0.283	0.267	0.341
防城港市	0.434	0.421	0.397	0.259	0.302	0.363
玉林市	0.392	0.396	0.385	0.377	0.351	0.380
来宾市	0.390	0.355	0.315	0.341	0.399	0.360
北海市	0.430	0.442	0.408	0.450	0.401	0.426

从空间的角度来看，广西绿色经济与绿色金融的耦合协调度表现出中心极化的特点，主要体现在南宁市四周地区的耦合协调度较差，表明广西绿色经济与绿色金融的耦合协调发展具备辐射和涓滴效应。从时间的角度来看，2016年，南宁市和桂林市经济发展表现为中度协调，柳州市、梧州市、玉林市和来宾市表现为低度协调，其余的地区则为初级协调。随着经济发展，到2018年，绿色经济与绿色金融的耦合协调水平整体上开始降低，南宁市、桂林市、贺州市、贵港市和北海市维持初级协调，柳州市为极低协调，而其他8个地区表现为低度协调。到2020年，广西绿色经济与绿色金融耦合协调度又得到一定提高，能达到初级协调的地区上升到6个，低度协调的地区也减少至6个。从2016—2020年协调度的整体均值来说，南宁市达到了中度协调，有5个地区表现出为初级协调，其他地区均表现为低度协调。总体来看，广西14个地市的绿色经济与绿色金融耦合协调度表现一般。

6.3.4 研究结论

笔者分析了广西绿色发展水平以及其绿色经济与绿色金融的耦合协调发展，选用 2016—2020 年广西 14 个地市的面板数据，各自建立起绿色经济与绿色金融综合评价指标体系，应用熵值法对两个指标体系作出评价，采用耦合协调模型计算绿色经济综合指数与绿色金融综合指数间的耦合协调发展内在联系，得出下列结论：

一方面，从绿色发展水平看，基于实证研究和相关理论基础，绿色经济与绿色金融是衡量绿色发展水平的关键性指标，广西高质量绿色发展的基础需要高水平的绿色经济与绿色金融相互作用。然而，广西绿色经济与绿色金融整体的发展水平不高，根据上述实证分析，广西 14 个地市的绿色经济综合评价指数的平均值只有 0.381，绿色金融综合评价指数的平均值仅有 0.326，绿色经济得分呈现逐年递增态势，但绿色金融却表现出逐年下降的趋势，表明广西对绿色经济的发展存在认识不到位、重视不足，出现绿色金融发展比较落后等情况，金融机构及其相关企业的社会责任感还有待提升。

另一方面，从绿色发展的可持续性来看，绿色经济与绿色金融相互促进、协调配合为绿色发展提供可持续增长力。两者的耦合程度是绿色发展可持续的重要体现。广西绿色经济与绿色金融的耦合度和耦合协调度整体来看处于一般状态。具体包括以下几个方面：

其一，从各个地区状况来看，2016—2020 年，大部分城市处在初级耦合，只有一部分地区，如南宁市、玉林市、桂林市、北海市在某些年实现了中度耦合。因而，广西将来要守好发展与生态底线，塑造绿色经济发展观念，有效利用绿色金融对社会经济的重要作用和深远影响，以绿色经济与绿色金融的耦合协调发展，共同推进广西经济协调快速发展。

其二，从时间上来看，虽然广西绿色经济与绿色金融的耦合度及其协调度在 2016—2020 年期间比较稳定，总体起伏不大。但是某些地区出现下降，尤其是耦合协调度相比于 2016 年出现了大幅下降。因此，广西在今后的发展要协调好经济发展与生态环境治理，预防进入"低发展陷阱"，在绿色经济与绿色金融耦合协调的支撑下，探索生态与经济效益良性互动的新模式，以此实现社会经济的高质量、可持续发展的目标。

第 7 章

广西绿色经济发展的策略分析

7.1 绿色是广西新时代经济发展的底色

7.1.1 广西绿色经济发展的政策背景

在以习近平同志为核心的党中央的领导，并通过广西市政府和本地群众的不懈努力，广西经济发展经历了持续不断的增长，铁路、航运、风速电力工程、通信设备等经济基础设施建设获得了快速的发展。但是在我国各地区发展进程中，相比我国其他发达地区尤其是东部沿海地区，二者的经济发展情况依旧存在比较大的差别，广西依然归属于经济较为落后地区。考虑到广西地区目前的发展情况和经济实力仍然有足够的发展空间与发展前景，这表明广西需要推进发展步伐，尽可能保持经济增长的加速度，从而降低与其他比较发达地区之间的差距，最终达到各地区协同发展，实现共同富裕的目标。

此外，广西在生态体系中处于比较重要的地位，既是绿色生态的关键区，也是绿化建设的纵深腹地。广西位于中国西南部，其自身的生态环境比较脆弱，可以开发运用的自然资源和可以借助的地区发展因素比较匮乏，这造成了经济发展、自然资源、生态环境相互的关联没有得到好的运用。因此，针对广西当地区而言，以经济发展为第一要务的时候，同时要推动绿色发展理念，把生态环境的可持续发展摆放在发展的首要位置上。从广西的整体发展特点来说，广西的经济发展还存在以下几个问题：

一是促进经济不断发展的动力稍显不够。广西是通过劳动密集型产业和资源密集型产业来带动的经济发展，以粗放式发展作为主导动力。因为广西发展基础比较薄弱，产业链偏少，导致其经济发展对周边地区的就业机会贡献量显著性较差。

二是广西一直以来都是全中国贫困人口数量遍布较为集中的地区。贫困水平相对于其他地区而言会比较高，极端贫困类型和造成贫苦的影响因素各有不一，尤其是极端贫困等特殊人口的情况仍然是不容乐观，脱贫致富、精准脱贫的任务仍然任重道远，需要当地政府为此付出大量精力去做有关的扶贫工作。

三是广西的不平等分化程度相当严重。现阶段，广西可以称为全国各地分化以及不同区域分化最为严重的地区之一。这类分化不断增大的主要原因在于广西内部受本身资源和自然环境条件的相对差别，导致资源分配在各区域可能存在差异性。还有一个造成分化的因素是国家一直以来施行的经济发展政策及发展战略具备选择性和差异性，从而造成各地区发展机遇不同。

四是广西的基本公共服务结构型失衡问题明显。从某种程度上来看，这类公共服务供给上的差别让广西失去了许多发展的重要前提条件，促使广西与其他地区的发展差别进一步被放大，差距逐渐明显。

五是广西生态环境兼具脆弱性和复杂性的特征。在长时间资源过多开采及其污染环境和粗放式的发展方式下，广西的生态环境失调较为严重，引起了一系列的环境稳定和社会治理方面的问题，生态环境的恢复及其完善工作难度会比较大。

六是广西特殊的地形地貌和生态环境自身的脆弱性。广西的经济发展经常遇到的瓶颈则是自然灾害的问题，尤其时常会发生一些洪涝灾害，然而广西抵御洪涝灾害与解决生态环境问题的能力较弱。

对于广西出现的问题，需要广西努力走出一条符合自身特点的绿色生态发展与环境保护的经济发展之路。一方面，绿色经济发展需要关注基础理论方面，以此来指导实践策略。另一方面，需要将可持续性发展核心理念切实落实，稳定实践步伐，有利于逐步实现共同富裕的目标。除此之外，广西绿色经济发展的必要性和急迫性已显现出来，具体包括以下几个方面：

（1）绿色经济发展是转变广西经济发展方式的关键所在

根据相关参考文献表明，广西在推进经济发展总体目标的过程当中，存在追求短期主义的现象，过分关注GDP的增长，产生了一批资源密集产业链，以高污染、高耗能为前提，实行以资源为导向的发展策略，并以此作为支撑产业链来达到经济快速发展的要求。然而，这类高污染、高耗能为主要特征的传统发展方式，耗费了各种各样的资源，造成广西的发展环节中频繁出现资源使用率不够高、GDP增速较慢、产业结构单一、发展方式粗放等问题，这些原因造成了广西经济发展的不可持续性。而实行绿色经济发展政策能够对广西的产业作出调整和优化，将高污染、高耗能的粗放型发展方式渐渐地转换到节能降耗等绿色的经济发展方式，把能耗高、增加值低、对空气污染度大的产业链逐步有序取代或是变换，向减少能耗、提升资源利用率等发展方式进行转变，从本质上解决以往粗放型发展所导致的许多问题。

就广西地区本身而言，实行绿色经济发展的相关政策可以充分运用广西地区的地理与自然资源，提高广西经济发展之中的绿色成分，切实推进绿色经济发展，打造出绿色经济。总而言之，通过全力发展环保产业、生态旅游产业和绿色文化产业，打造出绿色生态链和绿色全产业链，构建起绿色生态农业、绿色工业生产、绿色服务行业融洽发展的绿色经济发展方式，以此从根源上转变广西经济发展模式，完成广西真正意义上的可持续发展。

（2）绿色经济发展是促进广西可持续发展战略的必然要求

广西因为以往粗放式的发展模式，造成的能源消耗和环境污染的问题很严重，使其发展的可持续性充斥着很多不确定因素，如果一直没有采取措施从根本上解决这些问题，将会导致经济发展与生态环境保护的矛盾逐渐加重。因此，广西必须制定适用本地区的绿色经济发展相关的政策，构建出合乎本地区具体的、特色的、优势比较明显的绿色经济发展策略。

广西具有生态资源品种多、储藏量丰富等的区位优势。在漫长历史演变过程中，广西形成丰富多样的地域性文化，而文化因素是发展当地旅游经济的核心着力点，能够将民俗文化、原生态自然风光、历史文化统一起来，突出其发展特色，从而形成旅游资源。广西凭借本地独有的自然资源、历史文化资源等方面的优势，使传统的发展理念慢慢转换到绿色发展理念，进一步建立和完善广西绿色经济发展体系，全力支持绿色低碳经济、生物经济等多元化、多样化的绿色经济的发展。

（3）绿色经济发展是保护广西生态环境及建设生态文明的必然要求

追求短期主义的社会经济迅速发展，将会造成经济发展和保护环境的矛盾凸显。工业化发展的加速和产业结构单一既会严重影响生态环境治理，也会使广西地区多年历史所形成的自然之道和生态环境、生态文明信念面临着严峻的挑战。过度采伐稀缺的树木、偷猎野生动物等，严重影响了生态环境保护和破坏生物的多样性，而广西本地经过了无数次的历史变革，依然保存完好的传统文化也在承受着岁月的侵蚀。

生态环境治理与文化传承是一项长期的系统工程，需要彼此的共同努力与不懈坚持。人与大自然既属于一个统一体，也是一个和谐共存的关系体，人类文明的盛衰与生态环境荣辱与共。因而，广西在寻求经济迅速发展的同时还应当重视培育绿色经济发展观念，有意识地提升经济发展的绿色要素，走绿色经济发展的可持续性之路，注重对自然生态环境维护以及提高生态资源利用率。广西在寻找经济快速发展的过程当中，注重保护物种多样性和环境，既有利于社会经济发展，也有利于生态环境的保护。由此可见，有关政府部门制定并实行绿色经济发展相关政策具有重要意义。

7.1.2 广西绿色经济发展政策的价值取向

绿色经济发展要以高效率、绿色、生态、公平、公正、可持续为发展总目标和以生态农业、循环工业和持续服务产业为核心的经济发展模式。依据广西绿色经济发展的实际情况，其绿色经济发展制度的价值取向包括以下几个方面。

（1）坚持经济效率与环境效益相匹配的根本原则

绿色经济发展作为一种新型的经济发展方式，理应在广西已有的资源、自然环境、历史人文等条件下，持续进行技术改革与创新，实施创新驱动发展战略，做到经济收益、环境效益和社会效益三者的互相统一，注重达到人与自然和谐共处。因而，绿色经济发展政策必须坚持经济效率与环境效益相匹配的根本原则，不断提升经济效率与环境效益，从而达到提升广西人民的生活水平，以及促使资源环境的可持续性发展。

（2）广西经济发展要始终把绿色经济发展理念贯彻其中

把绿色化作为经济发展的指南针既是广西绿色经济发展的本质要求，也是与其他的经济发展模式的不同之处。想要实现绿色经济发展，就必须要在发展的每一个环节把对各类生态资源和环境的消耗、污染降至最低程度，而且还要全力支持第三产业的发展以及各类新能源技术的开发运用，以此修复传统发展模式对资源环境的破坏，改变经济发展模式有利于推动产业结构转型升级。

（3）坚持协调发展与统筹兼顾的原则

绿色经济发展应当包括绿色经济发展、生态环境保护发展、社会发展等多个方面。我国明确提出"绿色经济发展"这一概念的目的就是要改变粗放型的、以牺牲自然环境为前提而获得短期内经济收益的传统方式。在推行绿色经济发展政策时，广西要协调绿色经济发展的各个方面，推动经济发展、社会发展和环境发展等全方位发展。在发展经济时，也要推动绿色发展理念以及社会文明创建。更加重要的是，绿色经济发展的核心是创新驱动发展。在发展之中，创新驱动发展能够持续不断地为绿色经济发展注入动力，使绿色经济发展之路走得更为长久，从而推动绿色经济发展。社会经济要实现创新驱动的发展目标，不仅靠技术性，还要靠优秀人才，将两者科学合理地结合在一起，才能体现创新性的强劲作用和效果。政府在制定绿色经济发展政策时，应该考虑采用的创新技术类型和留住人才的方法，这可以增强广西本地企业技术创新的积极性。

（4）从实际出发和因地制宜地制定工作方针

每个地区的人文环境与风俗人情都独具特色和吸引力，在制定绿色经济发展政策时，政府要立足当地的具体情况、认清地区内部差异化。在广西实行绿色经济发展政策，首先要赋予广西各地区平等享有绿色经济发展的权利，做到绿色经济发展政策在各个地区全覆盖，根据每个地区的现阶段发展情况，确立合乎其生态资源、历史人文、风俗人情等特征的绿色经济发展政策。针对文化遗产和自然资源非常丰富的地区，可以优先作为试点地区，尽可能采取保护措施在维护其生态资源的前提下开发运用经济价值。政府要全力支持和鼓励，进一步颁布相关政策，做好相关的配套基础设施，形成一个全面发展的完整产业链，借此带动广西当地经济的可持续发展。

7.2 广西绿色经济发展政策的实施目标

7.2.1 实现经济、社会和生态文明的共同发展

"力求达到社会、经济和生态的共同发展"，这是当下广西绿色经济发展政策的根本目标。广西作为经济发展相对比较落后的地区，解决一切问题的核心则是经济发展。广西的基础设施较为薄弱，工业生产比较落后，造成经济发展一直落后。但是过多追求经济发展，缺乏对环境影响的重视，这将会造成一系列的社会环境污染问题的出现，使生态环境保护遭遇困境。

比如，在发展工业生产时，对生态资源过度开发，资源能源消耗大，整体获得利用率较低；大量森林植被受到破坏，导致土壤侵蚀及其水源污染等问题。因此，广西在把握经济发展这个重心时，需高度重视生态环境的保护和维护，确保生态环境恢复及改善。

7.2.2 助力乡村振兴并促进富民增收

紧紧围绕服务乡村振兴和"三农"发展、提高居民收入水平是实施绿色经济发展政策的战略目标。广西农村人口基数比较大，相比其他发达地区，尤其是东部沿海地区差别显著，并且广西内部城镇发展差距也较大，由此带来了一些社会问题，给广西的发展增加了不少难题。随着乡村振兴战略的持续推进，着力加快经济较为靠后地区的整体发展速度，优化广西金融结构，加快建立多层次、广覆盖可持续的现代绿色金融体系显得至关重要。绿色经济发展政策的实行是想要实现广西每一个地区和每一个人都能公平地获得发展机会和发展渠道。在绿色经济发展政策的实施过程中，政府制定有关工作方针，开办智慧乡村培训班，聘请专家为农户讲解高标准农服模式，以及手把手教学使用农田管理数字化设备，促使当地农户能够获得自身发展的权利，使得社会福利可以被一些贫困人群更好地享受；实施好绿色经济发展战略方针和政策既可以促进经济稳定和可持续发展，还可以促使收入分配不均的情况获得有效缓解，提高低收入人群的收入。但是，广西提振经济、促进富民增收，单单依靠给予低保政策、提高生活水平等方式是远远不够的，还需要为本地区劳动者提供更多地就业机会和就业岗位，同时加强高标准农田建设，提高农作物产量，以此增加部分贫困人群的收入水平，从而达到共同致富。

通过以上措施的实行，绿色经济发展政策既从源头上实现公平，也增加了当地居民的发展机遇。实行绿色经济发展政策的目标就是在推进乡村振兴的前提下，继续坚持可持续发展，走绿色经济发展繁荣之路。

7.2.3 推进新型工业化进程并实现工业化

推动广西的新型工业化发展，并实现工业化是实施绿色经济发展政策的主要目标之一。一直以来，广西的工业基础比较欠缺，特别是大型企业数量较少，造成经济发展的先天条件不充分，造成经济增长的动力支撑不足。工业化的发展既可以为本地区人民创造更多的就业机会和就业渠道，解决失业问题，也可以促进开展脱贫减贫方面的工作，进一步减少城乡收入差距和贫富悬殊，还可以提供各式各样的产品和服务，改进人民生活品质和提高幸福指数。但是，如何在较为贫困落后的广西地区开展工业生产，又可以减少对生态的破坏，这是广西经济发展的重要难题。绿色经济发展政策的实施无疑是最有效的方法，绿色经济发展政策的实行一方面可以推动生产力的发展，另一方面还可以积累社会财富，绿色工业化道路是广西发展工业的首要选择。

7.3 广西绿色经济发展的基本思路

7.3.1 广西绿色经济发展的战略抉择

广西实行绿色经济发展战略的重大抉择是要充分考虑广西的现阶段经济现状、政治状况和社会发展现状，而提出的全面发展战略规划。具体来说，首先，要搭建广西绿色工业体系。绿色工业体系要在工业生产的每个生产制造环节尽可能做到低碳化、环保节能化，充分发挥绿色技术对节能降耗的推动作用，从源头减量，达到能源高效利用以及循环使用。其次，要建立广西绿色农业体系。加速广西农业对绿色农业科技的应用，达到农业生产绿色化，完成绿色的生产制造来实现绿色循环的生产种植饲养方式，提升农业综合效益，为市场提供更好的绿色产品。再次，要建立广西绿色服务业体系，要充分利用广西第三产业的优势，注重绿色旅游业的发展，在服务业中推广贯彻绿色理念，加快构建智能电网、鼓励绿色出行。最后，要牢固树立全员绿色经济发展理念，在广西各地区内塑造培育打造绿色示范单位和绿色示范区，健全相关的制度、法律法规和评判标准，提倡日常生活绿色化，倡导垃圾分类回收，在全社会深入推进绿色经济发展。

7.3.2 广西绿色经济发展的实施方略

广西绿色经济发展的战略目标是要调整经济结构，提升能源使用效率，并实现较好的经济、社会和生态的和谐统一，促进人与自然的协调发展以及广西的经济绿色发展。广西绿色经济发展战略实施流程大体可以分为四步：第一步，把节能降耗放到绿色经济的首要位置。提升企业和居民群体的环境保护意识；第二步，增加创新研发资金投入。提升资源使用效率，构建"产学研"相结合的绿色技术体系；第三步，注重打造新型绿色产业。逐渐创建独具广西当地特色的绿色产业体系和全产业链；第四步，建立完善的平台监管机制和健全相关的法律法规。实现广西经济的绿色发展。

经济的发展从根本上带动了社会的进步。近年来，广西经济发展规模及发展速度均有呈现良好趋势，但其人均经济发展规模还并不大。此外，在经济发展的过程中，广西还引起了一定程度的区域内环境的恶化和资源的过度消耗等问题。因此，亟待转变发展思路，需要加快促进经济建设的绿色化发展。笔者将围绕广西绿色经济发展的实际取得的成果和目前存在问题，提出有益于绿色经济发展的实行战略方针。

1. 加快产业绿色转型，坚持绿色经济发展

产业整体规划决定着一个区域的未来发展方向，是地区产业结构发展的关键要素。广西在产业发展中，工业仍然是主导产业，但是传统工业发展已经造成一部分产业的生产产能过剩，如钢铁、煤炭行业。所以，正确引导这些领域迈向绿色经济发展道路才是处理生产过剩的关键所在。

第一，针对生产过剩的传统重工业，应该根据发展需求，不断提升其对资源的利用效率。在确定发展需求的基础上，通过合并重组、适度撤出产能等举措，减少这些行业的产能，进一步从根源上降低对环境的污染。在此过程中，企业要全面保障有关员工的安置问题，贯彻落实省委所提出的方针。解决生产过剩是一个由量变引起质变的持续过程，可以逐步推进产业的转型发展，挖掘产业高质量发展的新动能。

第二，加速技术革新脚步，正确引导产业迭代升级，提升产品研发水平。提升科技创新产值，推动"产学研用"结构型发展。现阶段，广西高新技术产业发展的质与量均处于劣势。所以，要加大科技创新的资金投入，鼓励企业开展原创性产品的研发，加强与外界研发机构的共同协作，持续引进先进技术，正确引导产业的绿色经济发展。

第三，由于第三产业发展对绿色经济发展具有显著的拉动作用，所以应该持续推进第三产业的建设，使第三产业为绿色经济发展提供新的驱动力，进一步去推动生产性服务业与互联网技术的相互融合创新，着力打造服务绿色发展。

第四,加快传统产业的转型升级,对工艺进行多方位的绿色改造,提升资源的利用效率,采用绿色、低碳技术,尽可能减少电子、化工等行业引起的环境问题。总体而言,有关机关部门需着力打造构建新型、生态型农业,合理限制农药、化肥的使用,一步步建立新型农业生产体系。

2. 加大环境投资与治理力度,稳健发展绿色经济

自然环境投资和环境整治既是环境绿色发展的关键要素,也是生态文明发展的最主要的驱动力。近些年,广西空气污染现象比较严重,大气污染治理投资占 GDP 的比例并不太高。因而,要以贯彻落实生态环境治理规划为目标导向,持续加速推进空气污染投资和环境整治力度。针对工业污染物治理投资应依据规模做出对应的调整。例如,2016 年,广西加强了工业"三废"的治理力度,显著地改善了生态环境污染问题。

首先,在大气治理方面,推动节能降耗、加大与太阳能相关的基础设施建设投资,加快推进有机物治理的基本建设。持续借助有关环保产业的发展,加大环保宣传与清洁设施的投资力度。其次,在水资源治理方面,加速推进造纸、电镀、化工等对水污染比较严重行业的环境治理。建设废污水处理系统,提高废污水处理能力。最后,需要加强整治固体废弃物的治理,加快建设其废弃物处理与交易市场。

3. 增强绿色主题宣传,贯彻绿色先行理念

由于广西属于人口基数较大的地区之一,所以针对绿色经济发展极为重要的一环便是持续提升居民群众的绿色观念。绿色观念的实践者是每一个居民,要将绿色经济相关的理念贯彻到居民实践行动上。为增强绿色主题宣传,贯彻绿色先行理念,需搭建政府部门、新闻媒体、经营者、顾客以及学校为一体的绿色理念学习机制。

第一,政府部门作为战略方针的策划者,能够发挥正确引导绿色经济发展理念的作用效果,其应制定有关绿色理念的政策法规,呼吁每一位居民要践行绿色发展理念,从政策方面助力绿色经济发展。

第二,充分运用广西日报、互联网技术等网络平台的影响力和号召力。现阶段,互联网媒介服务平台的崛起使人们获取信息更为便捷。利用有关服务平台,加强对绿色理念、绿色发展的宣传,推广绿色生产、生活方式。

第三,从供求视角来看,提升供求双方对绿色经济发展的深入认知与理解。从生产者(供给方)与消费者(需求方)的关系考虑,对绿色商品加大投入，对两者进行的绿色交易给予鼓励，拓宽市场绿色消费品的交易渠道，有利于提升绿色交易规模。

第四，因为青年学子是社会发展的重要基石。所以各院校应从现在开始，在日常教学实践中纳入绿色发展理念的教学部分，以此引导学生提高绿色环境保护意识，重视生态保护问题，主动参加绿色活动，践行绿色经济发展理念。

4. 完善绿色经济发展监督体系，构建问责机制

绿色经济发展不但要制定有关的法律条文来规范其执行具体情况，并且还要健全绿色经济发展的监督体系。加强贯彻落实监管手段，可以确保绿色经济发展有关的一系列措施都能落到实处。

首先，从产业的角度来看，加大产业链中生产过程的审查力度，对高耗能、高排污领域，提高其市场准入标准，贯彻落实环境保护政策，确保从源头上贯彻落实有关环境保护政策。

其次，从监管的角度来看，监控生态环境治理和环境污染源的治理。对于其中发现的问题，要明确责任规章制度，对环境造成破坏的举措要予以处罚，使各个企业意识到破坏环境的成本，并自觉主动转变生产方式，减少污染物的排放。

最后，创建具备针对性的责任追究机制，针对严重违背绿色发展的生产活动，采取问责企业与问责到人相结合的严格处置措施，以健全绿色监管体系为目的。

7.3.3 广西绿色经济发展的优化重点

1. 以区域合理规划为前提，缩小城乡发展差距

（1）丰富城市群梯度层级。广西的绿色经济空间布局特点体现为：空间相互关联弱，主要表现为相邻城市之间绿色经济发展差距明显，同时各地区之间的依赖性差，表明了广西绿色经济发展的分散化程度高。究其原因是省内城市群发展高度依赖核心城市，缺少次级核心城市，而这些核心城市对其他城市发展的带动能力有限，对于城市边缘的中小城市（河池市、贺州市、梧州市、贵港市、来宾市等）的联动发展不能有效带动。因此，要重点打造次级核心城市，丰富广西城市群的梯度，加强发展较快城市之间的合作，为周边城市的发展增添助力，助推城市经济发展。广西经济发

第 7 章 广西绿色经济发展的策略分析

展需要在核心城市南宁市、柳州市等带领下,充分发掘次级核心城市的发展潜力,形成独具特色的发展梯队,促使省内城市群空间联系有实质性的增强,促进城市群之间共同发展,达到共同富裕。

（2）破除行政管理体制界线。虽然广西的城市群规模不大,但是城市之间的绿色经济规模效应没有得到良好的利用。从局部的实证结果可以看出,作为核心城市的南宁市、桂林市等所表现出来对周边城市的辐射带动作用并不强,恰恰更多展现的是对发展落后城市各方面的"虹吸效应",对梧州市、来宾市、贵港市、河池市等各方面的发展资源表现出来十分强劲的吸引力。根据目前绿色经济发展所表现出来的各种状况,广西应制定合理的制度,破除行政管理体制界线是比较适宜当前广西经济发展状况的对策。破除行政管理体制界线的特点在于其能够综合不同地区及产业的规划,使省内的每一个城市都能发挥出本身的发展优势,这样既能够统筹规划,又能够因地制宜搞发展,可以更好地促进绿色经济发展。同时,省内各地区之间的交通情况对城市之间的发展联系也有一定的影响,交通越便利,各种资源在城市间的流动成本就会降低,各种资源的利用就会更加高效,良好的交通不仅能够促进城市之间的联系,也能够促使经济的快速发展。

南宁市、桂林市和柳州市作为广西经济发展中经济发展较好的地区,理应发挥关键引领作用,充分地带动周边城市的协同发展,但要因地制宜,防止"以邻为壑"和"虹吸效应"的发生。要加强不同区域、不同层级政府之间的对话,让资源的调配和利用更加有序高效。一方面,绿色发展程度低的地区要主动学习绿色发展相关理论,搞好绿色发展,积极向绿色经济发展较好的地区进行学习。另一方面,绿色经济发展较好的地区要扶持带动其他地区的绿色经济发展,双向交流分享经验,从而推动各地区绿色经济联合发展。

2. 以经济效益为目标,加快优化升级产业结构

根据广西绿色经济发展水平的实证分析表明:在绿色经济值上升趋势上面,与别的指标相比,第三产业占 GDP 的比例增长略显不够,从 2017 年起出现了下降的趋势。究其原因是广西发展落后的部分城市发展指数从 2017 年起表现出了大幅度的下降,这也说明了在第三产业方面,广西相对落后的区域绿色发展取得的效果不容乐观。因而,广西各城市应更加重视推动发展第三产业，提升经济发展中绿色参与度，加速推进产业升级，全方位提升广西各城市的竞争力，打造新兴产业、先进制造业、服务业融合发展的经济发展新体系，为广西的绿色发展提供坚实基础，特别是针对经济发展中绿色发展程度较低的玉林市、百色市、河池市等城市，更要给予绿色产业以适当倾斜，助力其发展壮大，使得绿色发展得到实质性的提升。结合广西自身发展特点，在产业升级的时候第二产业方面需要加以特别重视，产业升级不只是将其转为高产出、低污染的相关服务业。目前，第二产业对于经济发展仍然起到重要的作用。与传统的行业相比，第二产业的绿色化能够做到资源的低投入和污染的少排放，才是真正意义上实现保护环境和节约能源的相结合的新模式。

与此同时，在实证中发现产业结构的升级也在一定程度上影响着绿色经济发展效率。南宁市、柳州市积极寻求产业结构升级，发展新能源汽车产业、先进电子信息技术加工制造业等产业，促进发展新旧动能的转换，有效扭转了南宁市、柳州市以前绿色经济发展效率不高的发展状况。相比之下，桂林市的发展模式则大不相同，这主要得益于区域内得天独厚的自然地理优势，桂林市的经济发展模式相对比较成熟，是以第三产业为主，同时对区域内传统的高耗能产业进行引导转型并选择性的迁出，对其绿色经济的发展大有裨益。借助这些城市的发展经验，广西绿色经济发展较慢的地区应对产业结构加以调整、优化升级。一方面，加大第三产业的发展力度，提高其在经济增长中的占比。另一方面，还要对原有产业的升级进行合理规划，以科技的力量积极推动生产制造过程和全产业绿色化，促进产业结构向高产出、低污染方向进行调整，能够有效避免以往一些落后地区为了谋求经济总量的发展而沦为发达城市高耗能产业收容所的情况。

此外，要加强对经济发展以及产业升级的认识，不断挖掘新的经济增长点，获取并维持自身的竞争力。还要升级传统产业获取低污染和高效益的双赢模式，更重要的是运用科技进步对传统行业的生产过程进行绿色改造、打造新型绿色产业链，借助专业和高新科技持续不断地提升产业竞争力，实现广西绿色经济高质量的发展。

3. 以科技创新为驱动，加强科技人才引进力度

绿色经济的稳健发展离不开科技创新，在全球科技和产业革命的浪潮中，广西应牢牢把握新的发展机遇，加强自身经济竞争力。根据绿色经济发展水平的结果显示,在社会效益中"专利申请书"和"普通高校在校生人数"的权重排在前两位。由此可以看出,在发展中人才是第一资源,而科技是推动经济发展最重要的手段。广西发展态势较好的地区都在加大人才的培养力度,同时鼓励人才自主创新,这是推动社会长久进步的不竭动力。对于发展高度依赖于传统行业的地区,要想在短时间完成发展模式的转变是相对困难的,这就需要政府和企业共同发力,政府需要对这些行业升级转换给予大量支持,而企业要引入高技术优秀人才,扩宽自主创新,做出合理的科技建设规划,让科技革新的力量真正与绿色经济发展深度结合,打造科技助力绿色发展的新模式。

在经济发展效率方面,资源的产出高于投入才能被认为是有效率的发展。为此,人才与技术的创新必不可少,必须加大技术创新的投入,研发各种能够降低能耗的新技术,加大产品生产全过程的绿色化占比,并尽可能地使产品的经济附加值得到提高,提升资源的产出效率,这样才能够对绿色发展效率提质增效。对于绿色发展较好的核心城市,应进一步加大绿色投入,为自身发展谋求更多福利的同时也为其他发展落后的地区提供发展方面的经验;其他发展相对滞后的地区可以主动与核心城市开展科技、人才等多方面的交流合作,借鉴其适合自身的发展路径,进一步降低生产耗费和污染,进而提升绿色经济发展效率,促进整体经济的高质量发展。

4. 以改善民生为导向,加强基础设施建设

民生是社会安定的基石,民生福祉的增进是促进绿色经济发展不可或缺的一部分。从绿色经济发展水平看,城市要稳健发展,完备的基础设施和公共服务是最基本的保障,就业问题也是必不可少的。所以,在绿色经济发展中,健全基础设施建设和完善各种公共服务同样是必不可少的。

目前,绿色发展不仅要统筹处理好经济与环境发展的矛盾,更要以达到社会福利最大化为目标,重新构建经济发展的新格局,这样才能使经济发展可持续。伴随着现代化发展不断加快,诸多难题的出现已经影响到了居民的生活品质,例如,资源环境与工作压力太大、社会保障制度不完善、公共基础设施不够等社会问题,并在一定程度上影响了社会的前进步伐。研究发现,"城市人均公园绿地面积"和"人均城市道路面积"的波动较大,发展的态势不稳定。表明广西在基础设施建设方面还要进一步加强。

首先,广西人口密度大,人员流动性强,倡导绿色出行势在必行。不仅要呼吁大家正视绿色理念，广西各地区还应加大公共基础设施的投入力度，加大公共交通总量，方便居民出行。此外，还应全面统筹公共交通服务系统的建设，构建智能服务系统，提升公共交通服务的质量，更好地为市民服务。其次，继续完善医疗保障制度，因为广西各地区的老龄化问题加剧，所以应加大公共医疗体系建设，构建在线医疗服务，更好解决更多突发医疗问题，让更多人群体验到医疗福利。最后，就业问题也亟须解决，政府需要制定落实更大力度的促进就业政策，从而激活城市经济发展动力，提高人民的生活质量，为绿色经济增长提供良好环境。

5. 以资源环境为前提，优化生态空间布局

因为广西资源生态效益等方面的绿色经济发展增长比较迟缓，所以广西应进一步加强环境保护相关的工作。从广西绿色经济发展效率可以看出，尽管广西的总体绿色经济发展效率比较高，但其大部分城市的发展效率均不稳定。这与广西的发展模式密切相关，多数地区都以资源为代价换取经济总量的提升，其产出的成效由于需要对自然环境给予补偿而被削弱，表明资源环境的毁坏将会制约社会经济的发展。因此，广西需要建立严格的资金、人力、资源管理制度和环境保护信息管理制度，通过对公司的污染物排放进行严格监管，从源头上提升对能源利用以及环境保护的意识，促进生产绿色化，为绿色发展注入活力。

7.4 广西绿色经济发展的障碍因素

7.4.1 绿色经济发展的思想观念滞后

绿色经济发展的思想观念落后是导致广西绿色经济发展迟缓、绿色文化起步缺乏动力的主要原因，具体包括以下几个方面：

一是政府绿色经济发展意识落后。广西经济发展较落后，当地政府理应以经济建设为中心，但当地政府更多重视经济的增速，忽略社会经济可持续性发展的问题，导致对绿色产业发展关注程度不够，并未形成有效的优惠政策，无法高效地引入人才与资金、鼓励绿色产业链的快速发展。

二是企业的绿色生产观念和绿色营销意识落后。企业无法从长久核心竞争力的角度去思考如何进行绿色生产制造、绿色营销推广，而是紧紧围绕追求短期利润最大化为目标,并对绿色环保的重要性认识不到位。产业升级迟缓、乱排污染物状况仍然比较严重,排斥环保治理状况仍然存在。

三是公众的绿色生产与绿色品牌意识薄弱。由于广西发展比较落后的农村地区受教育程度较低,所以在生产中容易产生求量而忽视质的问题。农业生产时过度依赖化肥和农药等化合物的功效,导致在绿色品牌的塑造与推广上,公众的认知不清晰、不全面。广西各地区具备当地特色的绿色商品不能有效地营销推广,使很多别具一格的地区绿色商品销路不佳。

四是绿色消费意识广泛落后。广西人民群众消费观比较传统,消费标准通常是花费降到最低或效益最大,忽略非绿色消费所产生的社会发展和生态成本费用。与此同时,绿色产品和绿色消费推广的深度、广度、力度和区分度不足,绿色消费观更多的是在宣传策划呼吁和口头交谈上、文档上,消费者对于深层次实际意义认识不够清晰,因此绿色产品价值无法得到真正意义上的认可。

7.4.2 绿色经济发展的绿色技术和能源系统支撑不足

绿色经济发展必须以绿色技术以及新能源系统作为支撑,这既是绿色经济发展的基本条件,也是不可缺少的前提条件。绿色技术是在推动经济发展环节中,把发展对环境产生的负面影响保持在生态体系能够承受的范围之内,属于促使人与大自然保持均衡的高效率技术。绿色技术的研发包括绿色生产制造技术的创新和绿色新产品的开发。绿色技术研发的中坚力量是企业,政府部门则是以宏观经济政策为抓手促进企业开发产品与技术。广西本地企业研发的绿色技术仍然面临以下几个问题:

一是绿色技术研发资金的投入不足。相对于传统生产工艺来讲,绿色技术需要长时间的资金投入,绿色技术革新经常会出现失败的情况,就意味着大量的资金和时间投入无法得到对应的产出,这使得很多中小企业不愿投入资金,长期处于观望状态。

二是绿色技术的研发起步缺乏动力。企业绿色研发的最终目的是推动企业和社会环保目标协调统一,做到二者共赢。目前,广西乃至全国的绿色技术市场体制并不完善,绿色技术转化为绿色经济较为复杂,转化成本基本上是通过企业内部担负,导致绿色技术革原动力不够。与此同时,绿色技术研发所需的设备及工艺与公司已有的机器设备与制造工艺很有可能存在明显不符,这将增大了绿色技术的研发难度系数,导致企业自主创新绿色技术的积极性不高。

三是新能源系统的建立不健全。新能源技术的开发与应用是绿色经济发展的基本条件,广西能源体系仍以煤炭和石油为主导,需要的能源开发进程滞后,经济发展所需的新能源供不应求,造成现阶段能源消耗仍然比较大。新能源技术的开发、实际运用及模式创新需要大量资金,使绿色能源系统建立是一个漫长的系统工程。

7.4.3 绿色经济发展的绿色金融制度的缺失

1. 完善的绿色金融体系配套缺失

尽管我国相继推出了绿色信贷、证券和保险等绿色金融政策,从目前发展情况看,依然是以绿色信贷为主,依据《中国银行业环境记录》报告,如今在绿色贷款政策执行领域中,执行较好的有招商银行、工商银行、兴业银行和浦发银行,在其中仅有一家大型国有控股商业银行,其他三家银行全是股份制商业银行。从这一点可以看出,虽然我国绿色贷款政策早已发布,但是各家银行落实的内在力量不够,绿色信贷政策还处在积极探索阶段。

绿色银行信贷主要包括两方面:一方面是我国限制高污染、高耗能的行业开展借款限定。另一方面是国家鼓励发展对节能减排能起积极推动作用的行业及项目进行贷款支持。而绿色证券也主要用于上市企业在生态环境保护层面进行了一些规范化,发挥的作用就比较有限。绿色商业保险大多数作为保险投保突发性以及意料之外的环境污染及清污费用等,承保范围相对比较有限,并对绿色保险发展产生一定程度的影响。

2. 完善的绿色金融法律保障缺失

现阶段,我国未正式制定专门的绿色金融方面的法律和法律规范,我国相关部门颁布的《关于落实环境保护政策法规防范信贷风险的意见》《节能减排授信工作指导意见》《关于进一步做好支持节能减排和淘汰落后产能金融服务工作的意见》属于绿色信贷的相关政策的实施意见,并不具有法律的强制性和约束。一方面,部分银行出自自身经营目标的考虑,对"两高"产业的贷款限制力度不足,部分银行可能基于营利性考虑,依然向"两高"领域提升借款,欠缺执行绿色信贷的动力,银行类似的做法没有执行其应尽的社会责任，并且影响了我国节能降耗的实现，不益于我国产业结构从"两高"向"两低"的转化。另一方面，因为缺乏上市企业环境保护准入机制、上市企业生态环境保护业绩考核公布规章制度和相关生态环境保护等方面的政策法规制定，因此绿色证券和绿色保险新政策实施起来效果并不明显，发展比较迟缓，造成产业转型升级中可以借助的绿色金融手段比较缺乏，影响产业转型升级的进程。

3. 有效的绿色金融信息支持不足

一方面，我国环保部门搜集的环保信息大多数从生态环境保护的角度考虑，信息并未加工处理就传输给金融部门，在实际的业务流程中由于应用没有经过加工的信息导致出现问题，这些信息在金融业务的实务操作里的可供借鉴性也较弱。另一方面，金融和环保部门信息协调机制具有不可逆性，促使环保部门无法获得金融部门的反馈情况，则不利于环保部门对其搜集信息的完善。因此，运用绿色金融方式推动产业转型升级受到金融市场与环保部门信息沟通不充分的影响，产业转型升级无法发挥其效果。

4. 专业的绿色金融人才支撑乏力

一方面，我国绿色金融的引入相对来说比较晚，金融监管部门、金融机构、保险公司等机构的人员在绿色金融方面的认知不够，这对于我国具备有节能降耗功效的低碳产业有着一定理论指导层面的影响。另一方面，了解和掌握绿色金融商品风险管理专业知识的专业人才在我国都比较欠缺，对项目的环保风险认知程度不够，促使银行业存在对一些节能减排项目给予贷款持犹豫状态，甚至有一些银行业未开展过绿色贷款业务，相关业务处在正在发展状态之中。

我国缺少绿色金融技术专业层面的优秀人才，导致我国一些合乎产业发展的项目无法得到正确的环境风险评估，运用绿色金融方式推动这些环保产业的发展并未发挥其实际效果，影响了产业布局向生态化的转变。

5. 广泛的绿色金融市场基础不实

纵观世界，但凡绿色金融规章制度健全的国家，其国家的居民群众对环境保护观念都比较强，所以群众基础也是绿色产业发展不可或缺的。一直以来，我国注重以经济建设为中心，忽略了生态环境保护相关的一些问题，大众的环境保护意识比较薄弱，主要有两方面的原因：一方面，政府主管部门环保意识较为淡薄。政府部门的政绩考核以经济指标为导向，这就导致当地政府投入大量资金与时间成本去追求经济发展，全力发展房地产业、钢铁煤炭等，然而这些产业却消耗了很多的资源，造成了严重的环境污染问题。有些生态污染可能并不当作政绩考核的指标，处理这些环境污染又影响考核，导致当地政府对生态环境保护不作为。另一方面，大众的环境保护意识还需加强。因为环保产品及其节能降耗活动都要付出比一般商品更高价格，人们并不想为这看不见的"环保溢价"而买单，所以环保产品市场的需求量少，从而环保产业在国内的发展受到一定影响。因此，大部分企业依然想要发展能源消耗高、环境污染重但经济效益相对较好的"两高"产业，导致绿色产业在国内的发展遇阻。

7.5 广西绿色经济发展的路径创新

绿色经济发展需要宏观经济机制保障、中观协同推进、各微观个体践行于生活之中。微观运行发现的问题则通过反馈机制及时反映到中观和宏观层面，充分发挥宏观的统筹规划和中观的传递协调作用，最终再由微观主体经济行为来体现经济运行的成效，理应三个层面协同推进，通过发展路径的创新，扎实推动绿色经济发展。

7.5.1 绿色经济发展的微观路径选择：驱动微观经济主体行为绿色转型

绿色经济行稳致远要从根本上解决与其发展相关的生产以及行为方式所需要的驱动力，要利用市场化方式提升资源配置效率，让绿色经济发展显现经济收益。然而，现阶段很多地区的生态文明和绿色发展方面的工作都只停留在规划方面，仅仅是为了响应政策而制定，没有真真切切落到实处，只有极少地产生了效益，但大部分是社会方面的，经济方面的效益占比很少，绿色发展既没有给经济带来应有的成效，也没有从源头上解决发展效益的问题，使绿色经济发展成效不显著。

生态环境的状况与企业的生产方式和公众的生活方式密切相关，保护环境需要两者共同发力才能事半功倍。保障绿色经济稳健发展，最直接的是要让从事绿色生产的各种行为能够在经济发展中获得足够的收益，这样市场主体就更愿意主动参与到绿色发展中，为绿色经济发展提供内生动力。

从微观方面来说，要引导经济主体的行为绿色化转型，打破传统唯经济收益的经济发展认知，利用市场经济运行机制调节绿色生产所带来的收益，让经济主体真正意义上愿意且能够进行绿色生产，生产行为自发以生态为导向，让绿色经济发展大有可为。

1. 促进企业生产方式向绿色清洁生产转型

（1）树立绿色生产理念，提高企业环境责任意识

目前，环境保护越来越受到人们的重视，企业的社会责任环保责任也逐渐成为人们评判企业的标准，要想保持足够的竞争力，那么企业绿色生产和践行生态责任是必不可少的。首先，在企业规划层面必须要融入绿色生产相关理念，生产阶段应建立相关监督和反馈措施，严格执行绿色生产相关规定，采用绿色技术把关生产过程，积极为绿色经济建设添砖加瓦。其次，对企业管理人员开展绿色文化主题教育，提升其对绿色发展的认识，自主思考绿色生产的意义，自主践行生态责任，严格管理绿色生产环节，进而对各层级的员工产生潜移默化的影响，积极大量实施绿色生产，提升企业绿色生产的质量，更好地履行生态保护义务，助力绿色发展。企业要转变以前只注重经济利益的生产模式，就要在生产的全过程中更加重视绿色工艺与技术的应用，特别要注重产品的回收处理阶段绿色元素的应用、产品回收利用的程度以及对生态环境的影响等，降低在产品整个使用期对环境的不良影响，完成产品功能的重塑，让以绿色产品在竞争中站稳脚跟，打造独具特色的绿色竞争力。

（2）出台绿色经济政策激励企业开展绿色生产和履行环保责任

对于一些企业来说，全面实行新技术、新工艺进行绿色生产存在难度和风险，绿色技术使用和生产的意愿不强。因此需要政府提供政策支持、技术指导等以便破除这些企业绿色化生产的踌躇不前（李世书，2018）。出台一些对于绿色生产有激励性的政策，通过绿色生产税收优惠、宽松信贷等政策激励企业加入更多的绿色元素进行生产。同时也要对所谓的优惠政策实施严格的审查与监督，防止为了套取政策优惠而进行无效的绿色生产，侵蚀政策实施的效果，与这些政策的初衷背道而驰。一些国家通过税率来引导企业对绿色经济的资源投入，给予满足不同条件的企业税收上面的减免，同时也会改进技术以及生产方式、更新改造生产设备的企业更多的政策扶持，激励企业积极绿色生产。此外，还可以制定特种税的方式，

促进先进绿色产业技术的引入，加大对绿色技术的自主创新，改进生产方式以享受政策优惠，进而促进绿色生产。

（3）革新绿色工艺促进生产，从以往资源消耗转向资源再生

要加大对绿色技术创新突破的资金投入，促进绿色研发的成果转化，使更多清洁的绿色技术为生产服务，这样可以大幅提升能源利用率，排放的污染物就可随之减少。与此同时，一味地追求社会发展而不顾自然环境的承受能力，这必然会引发连锁反应，最终阻碍经济的发展。由此可见，经济社会发展必须要转变原来的观念，逐步转换以往以追求经济发展为首要目标而牺牲环境为代价的模式。同时，运用新的技术手段修复之前的环境问题，让技术进步的成果运用到劳动生产全过程中，创造性地生产出社会发展所需的绿色产品。

（4）构建绿色技术专利保护和信息披露的机制

经济发展要靠众多企业微观主体进行生产消费活动来推动，这直接决定着广西绿色经济发展需要建立长效机制推动企业生产转型。一方面，要创建企业绿色生产专利保护机制，为企业的各种创新成果保驾护航。企业可以通过研发绿色技术获得利润空间，从而加大研发力度，形成绿色生产技术发展的良性循环，从而保证企业绿色技术成果转化的成效。另一方面，要完善绿色生产相关的信息披露政策。形成合理的企业生产与环境责任信息公开政策，规定企业执行相关条例，让企业相关信息更加透明。同时可以通过媒体对企业环境行为进行监督，使其转变为企业发展的外部压力，加强企业的绿色经济的投入与发展。

2. 引导家庭生活方式向绿色消费转型

环境污染的原因有很多，虽然众多重型污染是由企业生产带来的，但是家庭和个人的生活消费行为对环境产生的影响也是不可忽视的。市场需求以个人的消费选择为导向，除了物质、精神方面的需求，个人需求还应该包括对适宜的居住环境和舒适自然环境的需求，所以家庭方面应该形成节省适当、绿色环保的生活方式与消费模式。

首先，教育可以为家庭提升环保意识，形成绿色消费观念，对家庭转变生活消费习惯是不可或缺的。一方面，良好的教育能够提升自我思考的能力与对待问题的态度，对环境问题同样适用。可以通过绿色消费相关的教育活动，引发人们对目前环保问题的深思，使人们自觉与环境保护共进

退，改变消费陋习，在日常生活中践行环境保护理念。另一方面，提倡绿色生活观念，以保护环境的准则来管束日常个人行为，转变与绿色经济发展相违背的生活行为，少用或者不用一次性用品，倡导使用节水、节电的器具，从而降低资源的浪费、生态环境的破坏。

其次，消费属于每个人日常生活基础的一部分，自然而然其消费行为就会对周边的生态环境产生影响。绿色经济的发展同样离不开个人消费习惯的绿色化，这要求公众要更加规范自己的消费行为，自觉抵制和减少严重破坏自然环境的享受型消费方式，更加注重多层次的消费结构，不断提升精神产品消费以提升自身综合素质能力，以此来实现更深层次的社会与生态的全面发展。与此同时，绿色消费与绿色生产直接相关，培养群众绿色消费方式有益于助推企业绿色生产方式的建设。参考绿色经济发展领先国家的有关经验，逐步普及产品绿色标识，号召消费者购买具备能耗等级、环保标志的商品，以绿色消费加强企业绿色生产水平的提高，鼓励企业在原材料选择、产品生产及售卖使用和废旧回收各个环节中可以节约资源、合理利用，减少对环境毁坏。从需求端（消费方面）可以看出，消费者对绿色经济的建设至关重要，其具有选择购买的权利，能将自身手里的"筹码"变为"绿色选票"，优先购买绿色安全环保型商品，通过消费行为改变市场需求，进而影响企业的生产。

再次，政策激励对消费方式的转变能够发挥重要作用，给予绿色消费适度补助，对消费行为向绿色化方向加以引导。绿色产品除了普通商品的二重性，还具有其独特的生态产品所带来的溢出属性，绿色消费的形成不可能一蹴而就，特别是在早期需要政府对绿色消费的家庭进行部分资金补贴，让家庭切实体验到绿色消费的福利，久而久之才能够形成新的绿色消费风向标。家庭作为最普遍的经济主体，其生活习惯和消费行为能否与绿色经济发展总体目标相符、对绿色产品相关服务种类数量的选择均会影响到绿色经济发展的成效。其他地区乃至国外在这方面的做法大多是采取对绿色生产者减税、减费的方式，广西可以结合，对消费绿色产品和服务的家庭给予补贴的方式，侧面提升家庭的收入水平，增加居民的购买力，激发更多家庭主动选择绿色商品。

最后，绿色经济的长远发展以及良好消费行为的培育核心在于完善绿色消费制度体系。秉着让环境污染者付费、建设者获利的基本原则，可以制定针对绿色消费全过程的政策来引领消费行为,让绿色消费的制度体系为绿色发展提供持久动力,充分发挥其引导机制,具体包括以下几个方面。

(1)消费前绿色信贷政策

一方面,利用金融的资源调配功能,针对绿色生产占比大的初创公司给予信贷支持,让绿色产品的生产者能够提供更多高品质的绿色产品。另一方面,构建绿色生产与消费数据平台,对消费者的绿色消费进行记录,绿色消费信用记录良好的经济主体给予信贷支持,刺激此类企业和个人能够进行更多的绿色消费行为,减少高污染的消费,从而培育绿色消费群体。

(2)消费时绿色保证金政策

政府不仅要注重绿色消费前的各种刺激手段,还要在消费过程中注意绿色化。废电池、电子产品和电器乱丢乱弃问题严重地破坏广西的生态环境,间接影响到人民群众的身体健康。参考发达国家和地区积累的经验,资源再利用观念的起步阶段,保证金的政策起到了至关重要的作用。制定专项保证金政策,对于消费高污染类别商品的消费者,在其消费行为发生时另外收取一笔与商品金额和污染类别相挂钩的保证金,而这笔保证金则视这些消费品的回收利用情况按规定给予退还。广西应尽早制定预付保证金消费品种类、合理的收取及退还和具体的适用细则,利用此类保证金政策加强消费者减少资源浪费,更多地选择绿色消费,从而使绿色消费踏上新台阶。

(3)消费后垃圾分类政策

虽然在消费前引导人们的绿色消费,消费中也用各种措施进行限制对环境排放污染物,但是消费总会产生垃圾,能源利用效率也不可能达到百分之百,分类处理这些消费后的垃圾能够进一步减少污染排放量,对环境保护大有裨益。例如,利用生物发酵工程的原理,将一些厨余垃圾等进行归类,当作原料生产农用肥料;对于生活中的有害垃圾,利用新技术集中进行无害化处理,减少分散处理所带来成本的同时降低其对环境的不良影响,同时实现经济与生态效益的结合;对于日常生活所产生的金属材料、纸制品、塑胶、玻璃等需要进行二次回收并加以利用,提升资源使用效率的同时降低了对生产资料的需求;对现阶段垃圾收费方法进行修正更改。例如,能够分类的垃圾不收费、难处理或不能处理的垃圾上浮收费标准等,引领群众加入垃圾分类潮流,集群体智慧共同解决垃圾回收的难题,提升分类回收效率。

7.5.2 绿色经济发展的中观路径选择：协同推进产业、区域与地方政府绿色转型

合理布局产业发展规划、规范地方政府行为、开展地区协同共治并鼓励当地政府绿色发展，则是新时代广西绿色经济发展的独特优势。由于广西经济发展"政府主导"和目前发展不平衡等状况，要求广西的发展规划必须做出改变，以政府统筹为发力点，高效协调各区域发展资源，共同推进中观层面的绿色发展，具体可以通过打造绿色产业、加强区域协同治理、规范政府行为等措施共同助力绿色经济。

1. 推动传统产业转型，加快绿色新兴产业发展。

产业发展是中观层面经济发展的核心，广西中观经济发展必须要对其产业进行合理规划，确保其健康发展，为经济发展提供源头活水。发展必须要同本地区的自然环境相适宜，要不断调研探索出适合自身特色的发展之路。一直以来，由于广西发展模式及产业结构的影响，原本自然环境的发展优势也在逐渐降低，和其他地区一样环境发展也出现了难题。为了扭转这一状况，广西必须要打破这种粗犷的、以环境换经济的发展，结合优越的生态资源，打造广西绿色核心产业，让广西绿色经济发展站上新台阶，具体措施包括以下几个方面：

（1）加速产业结构升级

使经济发展从粗放型转变到集约型，在原有产业发展中提升"绿色化"水平，建成绿色低碳型现代化产业体系。重视"资源效率"和"环境效率"，将经济评价的效益与提升经济发展的生态环境效益直接挂钩，要在各行、各业生产全过程贯彻资源利用、生态保护及治理的，以提高效率、提升产业附加值，重构产业价值链，利用产业转型升级的各种效益，联动工业、农业、服务业共同发展，使经济发展多层次平衡发展，提升绿色经济发展的成效。

首先，制造业作为经济的支柱，必须加快其转型的脚步，力求打造新型绿色制造业，为其他行业的升级转型提供支持。以高科技为支撑的高端制造产业，用绿色新技术推动传统重污染行业节能降耗，鼓励借助高新技术支持其重新焕发其活力。

其次，推动农业向当代生态农业发展。实践表明，化肥、农药以及施肥量对绿色经济发展效率有明显的负向效应，因此要降低对化学农药的使用量，增加有机肥的研发投入，研发对土壤、水源污染小的有机肥，减少农业用药对环境的不良影响。与此同时，参照国际上一些农业强国绿色农业发展的相关经验，可以对我国的耕作方式进行改进，寻求更高产的现代农业耕作模式。此外，结合广西农业发展现状，探究绿色农业管理体系，对农业生产全过程、全产业链进行绿色化改造，对绿色农业产品加大宣传，扩大绿色农业的耕种范围与作物种类，提升绿色农业占比，推动广西农业绿色发展。

最后，对落后的生产设备进行改造升级，提升生产效率，减少生产过程中的单位能耗；推动新技术融入传统产业，加速形成技术含量高、能源消耗少、经济生态效益好的经济结构；提升第三产业发展的总量与质量，充分发挥其对绿色转型发展的催化作用；充分发挥绿色经济对提升传统制造业环境效益的重要作用，管理创新与高新技术相结合共同助力传统产业的能源消耗和污染排放，打造绿色经济产业链，助力绿色经济发展。

（2）持续培育绿色产业

实现绿色发展产业化、规模化。绿色经济的发展要牢牢抓住绿色产业这一核心，因为只有绿色产业发展壮大才能更好发展绿色经济。所以，绿色产业发展的成效是发展模式绿色转型的检验器，可以透过绿色产业的发展状况推动绿色经济发展，打造绿色新兴产业具体需做到以下几点：

第一，创建绿色产业园，在绿色经济发展中盘活绿色资源。根据发展培育特色绿色产业，增加产业发展的重点绿色元素，提升绿色产业的规模，使绿色产业打破以往公益属性的标签，向着市场化、经营化的方向发展。在绿色发展产业化的进程中，随着大量的资金投入到绿色产业中，开发更多的绿色项目。一方面，可以提供更多的就业机会，也可以为企业和个人提供更多种类的生态产品以供投资者选择，让绿色经发展的福利惠及各方，吸引更多的资源投入到绿色产业。另一方面，绿色产业发展的生态效益影响经济主体的利益格局，激活经济主体的生态行为，从绿色经济发展中获益，以此实现广西各个地区经济发展主体都积极加入绿色经济发展中，为绿色经济发展提供长久驱动力。

第二，新能源、新材料和绿色环保等新产业的发展的支撑不足。因为

第7章 广西绿色经济发展的策略分析

绿色技术的研发和成果转化不仅所需时间长、资金量大，而且承担的研发风险很大，自然而然企业的研发动力就会不足。所以需要政府制定相关政策进行引导，调配更多的资源助力绿色技术的研发，减少企业研发的成本，增强其研发的意愿，提升研发成果的转化。可以借助绿色金融的力量，发挥其服务绿色实体产业的功能，调配更多的资源向绿色产业汇聚。同时，加大财政方面对绿色产业的支持力度，通过政府、高校、科研机构和企业等协同合作，注重绿色技术人才培养，加大绿色技术的研发，从根本上为绿色产业发展解决"发动机"的问题，从而提升绿色经济发展的效率。

2. 加强区域协同治理，构建区域协调发展新机制

绿色经济在地区之间的发展并不是孤立的，绿色经济发展将会越来越依赖各区域间的协调发展，并以此为内驱力带动社会经济发展。广西区域间的绿色经济发展需要各方统筹区域协调发展，同时重视各地区间的总体发展态势。区域间联动发展的经济效应并不会立刻显现，需要日积月累长期坚持才能有所建树，同时要注重地区间的平衡发展、区域绿色经济整体提质增效，避免发展过程中出现"木桶效应"，引发其他的经济问题。目前，广西区域协调发展已进行初步部署，接下来的主要工作就是要聚集各方的资源进行实践，切实把区域协调发展整体规划的各项任务落实。

第一，不断完善区域效益平衡机制，加强区域协调发展。在发展过程中，要协调区域、生态、经济等各方面的平衡发展，不能只注重一方而形成一家独大的局面，这样会背离协调发展的初心，必须要找到一个平衡点，寻求各区之间的联动发展、各行业之间相辅相成以及环境与经济良性循环，这样才能为区域绿色可持续发展提供支持。制定协调区域发展效益的规章制度，构建绿色发展补偿机制，对绿色产业发展进行收益补偿，让破坏环境的生产活动承担修复责任，让经济活动中各种生产行为对环境的影响能够进行量化奖惩，平衡生态与经济发展之间的效益。同时，还需要充分发挥财政政策的积极调节功能，统筹广西各区政府建立合理的绩效考核制定，形成政绩与生态责任的共同体，逐步完善区域效益平衡机制。

第二，加强区域生态法治化建设，让法律为区域协调发展保驾护航。刘水林和雷兴虎（2005）指出，可以出台一些用于协调区域发展、专用于促进落后地区发展等作用不一但目标一致的法律，进而形成一整套促进区域协调的法律体系，统筹地区之间的发展问题。在法律的约束与指导下进行经济活动与生态治理,让生产活动的目标导向性更加明确,可以让政府做出更加合理的决策,使得区域绿色发展的效率更上一层楼。

第三,注重人口资源、经济和环境的空间均衡,才能更好实现区域统筹发展。首先,要扩大现有的空间战略规划,在全省范围内进行空间资源的统筹,破除以前各种地区间"以邻为壑"的空间规划。既要放眼全省各种发展资源,又要充分体现各地区之间发展的差异和独特的优势,从而做出更加合理、更符合实际发展状况的空间规划,避免不同地区之间出现规划缺口,资源闲置不能充分利用而导致资源浪费的情况。其次,提升区域间基本公共服务基础设施均等化建设,降低和扭转各区域间相关方面的发展差距,避免发达地区淘汰的生产设备和落后的生产技术又转移到其他发展落后的地区,造成这些地区在日后的发展过程中由于生产技术和设备的落后而浪费资源,又再次出现和目前发达地区同样的问题。再次,促进地区之间的联系,建立规范的地区及产业帮扶制度,增加产业之间的合作,进行深度融合,推进协作发展,积极开展广西各地区间的交流互鉴。最后,实行差异化政策,重点关注经济落后地区的发展,给予其技术指导、政策倾斜,提升其对资本的吸引力,助力产业发展。

3. 规范政府行为,发挥政府竞争新作用

实证表明,政府行为能够提升绿色经济发展效率,所以规范政府行为,发挥其对绿色经济发展的正向效应是广西发展的必然举措。由于政府追求利益,为了能使辖区发展效益和任期绩效最大化,政府行为可能存在与绿色经济发展目标背道而驰的情况。因此,在绿色经济发展中对政府行为的严格监督和合理的绩效考核必不可少。创新对地区发展的评价体系,在其中加入与生态相关的指标,构建与绿色发展成效挂钩的绩效考核制度,利用各区域绿色经济发展的成效对政府部门形成外部压力与竞争,可以规避许多不利于绿色经济发展的政府行为,更加有利于经济环境共同发展的绿色发展模式。与此同时,建立资源环境发展状况相关的财务审计政策对于环境规制也是可行之举,能够量化发展对于生态环境的影响,进而对经济主体的行为进行规范,逐渐使生产活动绿色转型(张艳,2016)。此外,还要建立环境信息实时披露政策,利用公众监督、舆论等方式发挥其鼓励、约束等功能,更好地解决发展中政府和企业的不合理行为,促进绿色经济发展水平与效率不断提高。

(1) 开展绿色发展教育活动，提升政府官员的生态担当意识

绿色经济发展首先要改变政府"以追求 GDP 高增长为唯一核心目标"的发展理念，深化政府部门环境发展观念教育、绿色发展认知，进而形成以环境保护和经济发展共进的良性循环。如大量开展绿色经济发展相关系列的培训、举办绿色发展征文比赛等，加深政府对绿色发展的认识，刺激政府部门积极主动制定绿色发展政策，大胆进行绿色发展实践，在经济发展中闯新路，开辟出符合绿色发展的新模式，既更好巩固绿色发展成果又能够长期促进绿色发展。

(2) 注重绿色经济发展效率，创新政府部门的政绩考核机制。

要确保绿色经济发展成效显著，务必贯彻到各个地区，充分发挥各个地方政府的作用。政绩考核的衡量标准引领着政府部门的决策行为，并一定程度上决定了政府对绿色发展的重视程度。在相关部门的考核体系中合理加入绿色发展指标，可以把政府决策和绿色发展更好地组合在一起，促进政府行为向着绿色化、生态化转变。现阶段，政府部门应该立刻把各个地区绿色经济发展的实施情况进行合理量化，并将其科学合理的引入相关部门的政绩考核，能够防止发生以牺牲资源环境为代价的"唯 GDP 式"的发展模式。与此同时，因为广西各地区自身特点及发展情况不同，所以政绩考核要根据不同的地区制定差异化的指标评级体系，彰显每个地区的发展优势，让绿色经济的发展效率得到实质性提升。

(3) 完善政府绿色经济发展责任制度，实行责任信息强制报告

政府作为绿色经济发展执行与践行情况的监管人，其监督职责发挥效果和我国绿色经济发展成果密切相关，加强环境信息责任建设不言而喻。政府的决策往往存在多重目标，政策的制定和实施一方面要符合上级政府的规定，另一方面还要设法使政策在任期的效果最大化，由此就会出现取舍问题，从而经济发展中的生态效益往往容易被忽略，侵蚀绿色经济发展的成果。因此，利用市场机制对政府的决策行为进行评价，建立地方政府环境信息强制报告制度，强制报告其辖区内在经济发展过程中对环境的影响程度，披露其环境发展效益，清晰显示不同地区政府之间环境发展的差距，形成政府之间的环境保护外部压力。同时，以此为依据进行环境补偿，强制牺牲环境换取经济发展的地区承担更多的生态修复义务，使政府提高对绿色发展的重视程度。

7.5.3 绿色经济发展的宏观路径选择：深化制度体系绿色转型

绿色经济建设要以基本制度作为保障，同时也要与时俱进对制度的缺口进行自主创新，使其经久不衰、历久弥新并指导实践活动，提升发展效益。绿色经济建设必须要整体布局、持久发力，需要全社会全行业共同创造，形成绿色经济发展的合力，攻坚各种发展难题。

1. 完善绿色经济发展的正式制度

广西绿色经济发展离不开规范的制度体系建设，必须加快制定绿色经济相关基础制度，为其发展夯实制度和法律基础。许多发达国家的环境问题改善就是在法律以及制度的共同作用下得以实现，促进经济绿色发展。从正式制度方面来看，既需要政府部门提升法律措施的支持与推动，也要持续推动与之配套的经济手段，二者相互促进形成绿色发展合力，打造绿色经济发展的压舱石。

（1）完善生态资源产权制度

明晰的产权制度不仅是为了确定资源的收益归属问题，更重要的是能够更清楚地追踪到环境破坏行为者，进而为其行为履行生态修复的义务。清晰的产权是进行市场交易的基础，产权模糊容易导致各种生态资源的交易市场停滞不前，难以发挥这些资源的全部价值。同时还会出现很多经济纠纷，不仅丧失了经济资源还容易造成资源浪费。因此，明晰生态资源的归属、健全生态环境产权制度势在必行，具体包括以下几个方面：

一是建立社会化自然环境公共性产权规章制度。具体可以在自然资源相关法律明晰环境资源所有权的基础上，进一步细化地方政府对环境与资源的使用权、所有权及收益权的归属，让各种权利能够在市场上进行交易，创造更多的价值；明确公共性环境资源使用者与所有者的环保义务，便于环境问题的问责，让破坏环境的生产行为付出代价，加强政府严格监管基于公共性环境资源进行的生产活动。

二是建立包含民企、外资企业等多种市场主体参与的生态环境资源交易制度。市场化是资源利用最有效率的形式，推动环境资源市场化交易市场的建设，让更多的经济主体为环境资源的使用和环保问题出谋划策，寻求最有利于绿色经济的环境资源利用方式，提升绿色经济发展效率。

三是创建自然环境使用权有偿服务转让制度。环境资源的利用率能够影响绿色经济发展的成效，推动建设环境资源使用权的交易制度，促进环境资源利用率的提升。同时，借助绿色金融的力量，创设环境资源相关的金融工具，让环境资源转让更加便利，定价更加合理，有利于吸引更多资金进入绿色发展领域。

（2）建立生态补偿制度

创建切实可行的生态补偿制度，调节生产活动的生态环境效益，进而通过外部效应影响生产行为的经济收益。通过制度补偿环境效益好的生产活动，对环境的破坏程度给予环境效益差的生产行为处罚，有利于对经济主体的行为起到约束与指导的作用，促进生产向绿色化发展。可以借助以下措施实施生态补偿制度：

一是基于法律的角度创设新型环保税收种类。从生产结果来反向调节生产活动，加大重污染企业的环保担子，不断提升排污的成本费用，并且增加污染物种类的收费，迫使其进行绿色转型。

二是基于财政的角度创设类似转移支付型生态补偿，以区域环境效益为依据，强制从生态效益差的区域向生态效益好的地区进行补偿，刺激各地出台相关政策引导本区产业的绿色转型，从整体上提升广西绿色经济的发展。

三是基于金融的功能创设生态补偿金融工具。例如，通过探寻商业保险、福彩、民间金融等各种金融工具对生态友好的生产活动进行扶持，吸引更多资源流入，进一步扩大绿色生产的规模。同时可以对偏远地区的生态保护工作提供技术和资金支持，助其打造特色生态产业，提升发展韧性。

（3）加强政府生态责任制度建设

建设正式制度的需要做出全方位的统筹规划，其中明确政府生态责任必不可少，具体要求做到以下几方面：

一是调整和优化政府的政绩考核指标。党的多次会议强调要对政府考核指标做出调整，政绩考评不能纯粹以经济发展状况作为评价指标，应当加入更多环境发展的数据，创建融合经济与环境因素的新型政绩评价方法，对地区发展进行全方位的评价。

二是加强环境行政管理体制建设。近年来，我国以生态建设保护为指导方针，但没有彻底落地实施，这就需要政府部门创新生态管理，严格执行相关制度规定。国家机构设置中有不同的部门对环境保护都具有监督管理的权利,协调创新各机构之间的管理职能尤为重要。一方面,要保证各机构之间工作上相互配合共同协作,同时又要确保权责的分离,不能逾越规矩进行生态监管。另一方面,既要求监管工作要全面覆盖,又要避免重复监管与监管空白彼此矛盾的局势,需要保证权责分明,提升行政部门管理效益。因此,需要将开发审批与后续保护的监管部门起到权责分离的效果,避免不合理的制度而引发"重开发、轻保护"的问题。

三是加强政府部门生态职责监督制度的建设。由于绿色经济发展的相关法律规定还不完善,所以难免会出现监管缺位的问题。这就需要加强建设政府的生态监督,用相关法律法规检查和约束政府部门生态职责的执行情况,对于行政部门执法不当所带来的生态责任问题,要依法追究当事人及相关人员的责任,且采用终身追究方式。

2. 加强和完善绿色经济发展的非正式制度

绿色经济发展不仅需要设立、完善正式制度,还需要注重非正规制度的建设,运用非正规制度去引导主体个人行为向生态化转型发展。绿色经济发展非正式制度的关键是提升相关生态环境维护观念的主题教育,对公众保护环境和节约资源的各种行为进行积极引导,加强群众生态环境担当意识来提升广西绿色经济发展的效率和水平。

一是要加强政府的生态责任担当。政府作为经济战略的制定者,但其决策受自身思想认知的影响,所以广西各级政府应从思想上正确认识绿色发展,才能制定出更加符合绿色发展的政策措施,指导经济发展实践,让绿色经济成为经济增长的优势。具体可以通过绿色发展理论学习、座谈会交流互鉴以及绿色发展专题讲座培训等方式。

二是要树牢企业关键主体生态责任担当。企业既是绿色发展的主体,也是环境问题最大的创造者,要想绿色发展成效显著必须要从企业生产这一源头解决问题。首先,应该重视企业管理者的培训,利用榜样的作用影响企业全体员工,严格执行绿色生产规定,最终形成绿色发展。其次,通过媒体和公众对企业生产中的环境行为做出监管、披露,让企业处于环境发展的外部压力之中,加强企业主动转换生产动能,增强环境责任意识。

三是要培育公众这一普遍主体的绿色经济发展观念。公众作为日常活动中最广泛的群体,其行为对环境的影响同样不可忽略,培育公众的绿色经济发展观念同样至关重要。首先,利用环境教育从思想上提升广大居民群众的环保意识,可以通过开展绿色经济发展科普教育、开设环保专线热线为群众解答环保问题,为绿色经济宣传夯实基础。其次,走进社区进行绿色经济发展的宣传,通过举行环保常识有奖竞答、垃圾分类比赛、网络和社区绿色经济征文比赛等多种形式,深入宣传发展绿色经济的必要性,进一步加深公众对绿色发展的认识。最后,可以借助媒体报道的方式,对绿色环保先进企业、个人进行事迹报道,让企业和个人享受到绿色消费的附加福利,让公众感受到绿色行为的非经济属性,进而影响公众的消费选择,在全社会塑造绿色消费模式,形成绿色经济发展新观念。

(2)加快建设生态环境公众参与制度,培育公众绿色发展观念

公众日积月累的活动必然会引发环境问题,自然而然又会反作用于公众的生活中,最后成为环境问题的"承受者"。如何从根本上处理环保问题是一项需要全民参与、全民努力的公共工程,务必充分发挥公众参与生态治理,可以通过以下措施加强公众的积极性:

一是基于法律规定细化公众在环境保护方面的权利与义务,建立针对严格的生态责任追究制度。《中华人民共和国环境保护法》明确提出:"每个公民都要履行环保责任,享有对个人或单位实施污染环境行为的检举权。"但遗憾的是,诸如此类的法律条文仅仅停留在理论层面,没有对公众的行为产生真正的实践指导意义,很多公众并没有实施自己的权利和认真履行环保义务。建设广西公众主动参加绿色生态环境的维护,就必须要健全有关规定,深化法律实施机制使公众的具体权利落到实处。同时,针对导致环境破坏的经济活动,无论是政府监管引起、企业生产所致还是个人消费造成,一律纳入环境追责机制中,真正做到谁污染谁修复,进而规范经济主体的行为。

二是加快环境信息透明化、公开化建设,利用外部监督机制提升公众环境保护参与度。首先,促进环境质量信息透明化,利用网络媒体手段公布各种环境指标数据,让公众可以全面查询环境状况,以便清楚掌握环境质量的变化情况,更好实行监督权利。其次,充分利用环境典型事例来启发公众,激发环境保护的决心,形成以环境保护的荣辱观,从思想上扭转公众对环境问题的认识。再次,加强公众与政府的联系,一方面有利于展现政府对环境工作的决心。另一方面可以获取公众对环境的合理建议,既提高了政府环保工作的可信度,又增进了公众的参与感。最后,还需要进

一步明确公众对环境监督的权利与义务,使环境破坏行为能够及时上报有关部门,并依法予以解决。

三是加强非政府环保组织的建设,发挥其监督、引导和教育等功能,为经济绿色发展注入新活力。首先,非政府组织由于其性质不是国家机构,参与环保工作建设的方式自然也就不尽相同,但在某些方面比政府机构更加有效。例如,很多生产活动在应对官方监督检查和日常生产时,企业会采取不同的态度,这类行为很难通过政府监管加以解决,但非政府组织的成员却能够深入企业日常生产活动之中,全面了解产品的生产,可以使向政府隐瞒实情的生产过程彻底暴露在阳光之下,充分发挥其对绿色生产的监督功能。其次,非政府组织还可以通过举行生态论坛,广邀爱护环境之士进行思想碰撞,由于不是官方论坛,其观点的表达碰撞不必太过拘束,能够产生意想不到的环保建议,进而指导生态保护行为。最后,民间环保团体在环保工作宣传方面也能够发挥持久优势。由于其性质特殊,更能够与广大群众共情。

3. 建立与完善绿色经济发展的制度实施机制

绿色经济发展的制度建设不仅需要正式与非正式制度的深度结合,还需要健全制度的实施机制,让制度实施更加畅通。一直以来,广西的绿色经济发展停滞,迫切需要相关制度的实施路径来打破发展困局,这要求提升绿色经济发展规章制度的实效性,注重政策推行的激励约束机制。

(1) 完善各级政府部门的监管机制和反馈机制

各级政府即使在实施同一政策时,其目标也不尽相同,所以执行政策的侧重点也会不同甚至出现矛盾,导致生态发展政策的实行效果就会被削弱,侵蚀了绿色发展成果。要协调统筹各级政府的政策目标差异,完善各级政府部门的监管机制和反馈机制。一方面,要以制度方式明晰各级政府的生态管理权限与生态保护义务,避免重复管理、监管缺失、无法追责等问题。另一方面,要加强各级政府之间的对话,创建高效的生态信息反馈机制,协调政策实施方式,扩大各级政府之间的日常工作交叉点,增进政府部门之间的联系,协商解决不同政策目标的冲突,避免不同部门只是简单的各行其是,减少绿色发展的摩擦力,畅通绿色发展政策实施机制。

(2) 推进建设政企合作新型市场调节机制

市场的运行规律在发展，企业与政府的关系也应该随之进行调整，政府更多的是从命令转变为合作与指导，让企业和政府共创绿色发展。首先，政府主动调整自身需求方向，以绿色经济发展为导向进行政府采购行为，利用采购行为给企业生产释放信号，刺激绿色生产在全社会蔚然成风。其次，虽然企业的目标是自身利润最大化，但是政府也可以通过政策调节，激励企业绿色生产。比如，企业的优质绿色产品可借助各地政府官方进行宣传，有了政府这一宣传媒介，在产品促销的同时既可以提升企业的知名度，又可以打响绿色产品的旗号。与此同时，在绿色发展市场调节作用下，一方面，高能耗生产活动的资金链会逐渐被市场选择斩断，这些企业就成了无根之木。另一方面，企业的生产得不到保障，形象必然会受到很大影响，进一步恶化企业经营与生产。此类企业必然对生产活动进行绿色转型，以便在市场寻求发展的资源以及政府政策支持等。最后，深度推动绿色生产宣传工作，贯彻落实绿色税款、金融等政策工具，让企业真正意义上主动参与到绿色经济建设中来。

（3）完善绿色经济发展激励约束机制

绿色经济建设既需要政策引领，鼓励各行业进行绿色生产，也要融合实施环境保护限制性措施，确保在发展之中的蛀虫以及投机分子。此外，政府还要不断完善政府信息平台建设，减少绿色发展政企信息差。一方面，严格审批绿色项目开发的申请，避免投机分子打着绿色项目的旗号，进行与其背道而驰的生产制造，骗取政策的优惠。另一方面，对绿色专项资金建立使用追踪机制，设立专门账户确保绿色资金落到实处，为绿色项目提供保障。

第8章

广西绿色经济发展的政策建议

第8章 广西绿色经济发展的政策建议

8.1 广西绿色经济发展的经验

本书认为，广西在发展绿色经济方面所采取的发展策略，对广西的发展具有一定的指导意义。

第一，强调了政府的引导功能。政府制定政策的前提就是要明确经济社会发展的方向，也就是要确立绿色经济发展战略，将绿色的发展理念融入经济社会的每一个领域。主要包括了建设绿色工业体系、绿色农业体系、绿色服务业体系以及开展绿色经济示范活动，有利于提升人们的绿色发展观念。对广西而言，应在地方政府的引导下，贯彻落实中央关于建设资源节约型社会和环境友好型社会的重大政策措施，以达到经济可持续发展的目的。要把绿色经济思想纳入国民经济的总体规划，发挥政府的作用，引导广西经济朝着绿色的方向发展。

第二，大力发展绿色科技。在发达国家，发展绿色技术对于绿色经济发展起到了举足轻重的作用。相对于发达国家已建立起较为完备的绿色科技的发展体系，广西在绿色科技的基础上还很薄弱，缺少专业的研发机构，要想实现绿色经济的发展，首先要解决的就是技术瓶颈问题。为此，广西应该积极借鉴先进和地区的先进技术，积极引入新技术，对新技术进行模仿和创新，并设立专业的研究开发组织，健全科研制度，实现技术的有效转换。

第三，要加强宣传，大力发展绿色经济。从发达国家的实践中可以看出，一个国家的发展成果受企业、消费者等因素影响。这主要是因为，政府在绿色经济的广泛宣传中，都扮演着举足轻重的角色。在此基础上，广西应加强对绿色经济发展的宣传力度；增强居民自身的节能与环境保护意识；增强企业的环境保护意识，提倡绿色消费与绿色生产。

第四，要加大国际交流和合作力度。对于广西而言，加强与先进地区的技术交流是非常必要的。广西要加速向绿色经济转型，必须建立一个与之相适应的国际交流与磋商机制，以引进先进的环保技术、购置高端装备为前提，提高绿色经济效率。

第五，要充分认识到经济政策对发展绿色经济的影响。发达国家在税收、财政支出、政府补助等方面都对绿色经济进行了大力的扶持。此外，绿色金融制度的创新，也为绿色经济的发展提供了有力的支持。广西应在总结成功经验的基础上，积极利用财政、金融等政策，加大对绿色经济的支持力度，促进其快速发展。

8.2 实现广西绿色经济发展政策目标的具体措施

8.2.1 积极有效推动实体经济发展

始终以资源提升与畅通作为主要要领，实体经济需要融合多方面生产要素与自然资源，采取一系列措施服务于实体经济，这将有助于产业的转型升级。

首先，助推十个千亿级工业的发展。要坚持高精尖、绿色、精干，实施十个万亿级的工业发展长远行动，推动能源产值的提高。围绕钢铁工业、汽车工业、机械设备工业、铝制品工业等领域，实施工业产业与社会民众的日常生活相互推动。推动桂林的世界级旅游产业集群建设；加快发展南宁市的信息服务业和柳州市的新能源材料产业，支持桂林市成为国家产业转型升级的示范城市。推动建筑业的优化升级，加速绿色建筑的发展，帮助工业产业园区短期内得到进一步研发开展和质量改善。总体来说，要清楚本地区的行业属性，完善本地区的设施设备，提高本地区的经济回报，推动创建一个集约型节约型友好型工业区域。

其次，实体企业与金融科技进行有机结合。我们将以"四个强化"、伴随"四个融合"的理念作为主线，最大程度上利用新一代的大数据、云计算以及物联网等方式，推动数字科技水平不断提高、网络覆盖面的发展。大力发展大数据产业和大数据产业园，加快中国南部数据中心示范基地和"数字丝绸之路"跨境数据自由港的建设，对于数字要素资源需要进一步开拓完善。积极创建融合的龙头项目，引导实体经济服务到日常企业机构之中。围绕"工业云"，加强对工业互联网平台的资金投放力度，让更多的机构部门实现"上云用云"。

最后，积极推进各行各业的业务创新。大力推出十项服务创新发展项目，促进生产性服务向专业化、价值链的高质量方向发展，促进日常产业服务质量的提升，促进服务业的多样化发展。大力发展南宁，柳州，玉林三大物流中心，提高物流送递水平。深入开展"引金入桂"行动，不断健全本地交通的金融服务体系，发展绿色金融，从而提高金融对实体经济的服务水平。以打造独树一帜的旅游基地和度假胜地作为主旨，在全方位旅游、智能旅游、高质量旅游等方面，促进"旅游+多产业"的发展。积极引入国际上著名的康养机构和医疗服务，积极开展广西医疗产业与世界上著名的医学项目构建进行深度合作与探讨。

8.2.2 发展绿色金融优化产业结构

1. 构建多层次的绿色金融体系

随着绿色金融的引入，国家相继出台了绿色银行、绿色信托等相关的政策措施，并设立了一批绿色基金，这对于推动绿色行业的稳步前进具有重要意义。绿色金融产品自研发出来并没有经历检验阶段，相互的加成效果不佳，无法为产业结构的变动搭建出可靠的平台系统。因此，政府必须给予足够的重视程度以及资金支持，在绿色金融产品的研发阶段做好充足准备，促使合理的多元化绿色产品体系的出现成为可能。

（1）完善绿色产品的制度框架

在国际知名行业发展模式的基础上，我国构建了一个以绿色基金、绿色银行、绿色信托为核心的绿色金融生态系统，保证了银行资金流动与证券市场交易流动，有机结合了收益和风险，形成了一个完善的绿色金融生态系统。

首要，研发具备多元化特色的环保信贷产品。主要包括两种信贷产品类型：一种是面向企业的绿色信贷产品，涵盖了节能融资模式、增产融资模式、公用事业服务商融资模式、融资租赁模式、排污权抵押融资模式以及多元化融资模式。另一种是面向个人消费者的绿色信贷产品，包括绿色住房抵押贷款、绿色汽车贷款、绿色信用卡等，以满足个人消费者对于环保和可持续发展的需求。

其次，对于相关企业在首次公开募股过程中环境保护的披露机制，并加强企业对于污染资源问题的系统规划以及处理方案的颁布。

最后，绿色保险的承保范围和对象将得到进一步拓展，以满足更广泛的保险需求。

（2）大力推动绿色基金的设立

目前，国内关于绿色基金会的研究主要集中于绿色基金会的定义与类型以及国外的相关案例等方面。为了实现我国发展收入模式的改变和低消耗的内核要求，对于投融资需求的满足之外，成立绿色基金是一种有效的补充手段，通过绿色基金会，来促进产业结构的优化调整和绿色金融的发展。绿色基金会是一种非营利性法人，旨在推动绿色产业的发展或引导公益事业的开展，其成立符合罚款条文的规定。绿色基金会可分为两类：一类是面向广大民众的募捐基金会；另一类是面向私人客户的募捐基金会。在我国，目前面向私人客户募捐绿色基金的数量很少，但已经开始起步。从行业角度开看，绿色发展基金的构建是一个不小的突破，可以基金会以此宣传其影响力，通过向社会公众征集项目，为绿色化做出贡献。在推广可持续发展理念的过程中，我们需要建立一个面向公众的绿色基金，将筹集到的绿色基金用于支持绿色产业和公益事业，以促进全社会的可持续发展。

2. 建立健全绿色金融法律制度

绿色金融在发达国家已经有很长一段发展历史，并且形成了一套完整的法律制度。但是我国对于绿色金融仍然处于探索中，没有出台相应的法律法规来规范绿色金融的发展。现阶段，国内在绿色金融领域不存在相关的法律法规，仅有少数机构出台建议，但有关的建议仅具有指导性，缺乏必须性，因此无法为绿色金融的未来道路提供合理保护。在当前经济环境下，要促进我国产业结构的转型升级，实现国民经济又好又快地发展就必须加强绿色金融法律制度建设。为了实现可持续发展的目标，同时满足我国工业化转型的主题，我们必须加快构建一个完备的绿色金融法律体系。

（1）规范绿色金融的日常监督管理

绿色金融的具体监督实施分为两个阶段：第一，确定负责机构具体是哪些。因为国内目前是分业监管方式，涉及绿色基金以及绿色贷款方面也可以分行业进行监督管理；第二，基本的发文规定缺一不可，以确保执法机构在任何情况下都有法律依据和行为准则。

（2）规范绿色金融领域的责任追究

在我国经济发展形势下，很重要的一点是建立完备的责任机制。绿色金融的法律责任制度主要是以下几个方面：第一，存在违反犯罪行为的金融机构、从事操作风险的从业人员，应当承担行为责任；第二，为了保证监管机构的监管力度到位，需要设置第三方机构对此进行监督管理；第三，对于不按规定执行的企业进行有关信息的合理披露，监管机构必须最大程度上追寻责任，以维护生态环境的健康和可持续发展。

3. 加强绿色金融专业人才培训

技术人才的储备才能够造就绿色金融的繁荣，我国在引进绿色金融理念方面起步较晚，且绿色金融在我国的推广效果未能达到预期。究其原因主要在于我国对于绿色金融专业人才培养缺乏针对性和专业性。为了推动我国绿色金融稳步发展，进一步构建新业态，我们必须始终将绿色金融的人力资源储备置于一个至关重要的战略位置。本书以"供给侧"视角下绿色金融人才培养模式创新研究为题，分析当前国内高校绿色金融专业培养中存在的问题，并提出相应建议。随着绿色金融专业人才的不断涌现，我国的绿色金融发展已经拥有首要资源，这为我们打破发展僵局奠定了坚实的基础。

（1）技术人才的投入至关重要，以提升其专业素养和能力水平。商业银行应重视员工有关环保知识教育的工作，并将其纳入绩效考核体系之中。为了实施绿色金融政策，除了基本的专业技能之外，更为重要的是环保意识要到位。比如，银行系统当中对于贷款的发放以及后期的审核和追踪都并采取相应的预防机制。金融机构应当深刻认识到这一点，将其环保意识深入各位从业人员的日常业务操作过程之中，聘请环保人士进行讲学、让员工半脱产在职学习等多种方式，以提升内部人才的素质和能力。

（2）专业人才的日常培养，以提升其专业素养和能力水平。随着我国经济结构的调整与转型升级，我国金融业进入了一个高速发展期，在这个时期，我国的金融市场上出现了很多金融创新的方案，这些金融创新的背后都有着金融监管的影子。为了保证绿色经济稳步运行，管理层必须进行风险防范，这是金融监管机构的监管人员监管绿色金融的关键一环，而非仅仅依靠具备金融和环保相关知识的专业从业人员。

8.2.3 不断深入推进城乡协调发展

城市化是激发核心原动力的关键要素。坚持以规划为引领，顺应发展新形势，进一步顺应新兴态势，推动各类要素的共同发展。

最大限度地发挥中心城市和城市群的引领作用，以实现最大化的效益。

以产业集聚为基础，推动城市化进程，重点培育一批特色鲜明、功能完善的区域性现代服务业聚集区。支持南宁市加强实体经济建设，扩大城市规模，加强交通枢纽构建，提升城市的核心地位，推动广西城镇化进程，倾尽核心力量构建西南片区的核心经济带。加大产业结构调整力度，提高工业增加值占地区生产总值比重和第三产业产值比重，推动产业结构升级，培育新的支柱产业。推进南宁市、桂林市、柳州市、玉林市、北海市、钦州市、防城港市等城镇组群的快速发展，打造具有强劲带动力的区域中心城市。加速小城镇建设，因地制宜，形成竞争激烈、涌动不息的繁荣景象。

提升城市产业的竞争实力和整体承载能力。积极推进"三区三州"建设。为了实现建链、补链、强链的目标，积极培育、引进和集聚一批产业项目，从而提升发展后劲。在壮大县城规模基础上，积极引导农村人口向小城镇转移，促进城乡一体化发展。积极推进县域经济的蓬勃发展，为其注入强劲动力。加大对小城镇基础设施建设的投入，改善人居环境，提高城镇化水平。在充分利用资源优势和区位条件的基础上，策划并实施一系列独具特色的工业小镇、农产品精深加工小镇、文化旅游小镇以及商贸物流小镇的发展计划。加大对农村人居环境整治力度，提高农民居住环境质量，推动美丽乡村建设。积极加强基础设施建设，加速推进道路建设，全面改善社区公民的生活品质。积极稳妥推动农村土地承包经营权流转，探索建立农村集体经营性资产股份合作制改革试点，完善农地产权制度。积极挖掘城市及其周边地区的土地要素，大力推进房屋租赁市场的发展。

协调好城乡发展，促进乡村振兴。完善农村土地制度，保障农民财产权利，依法有序流转集体土地使用权。完善农村土地管理制度，建立健全农民利益保障机制。深耕住房租房问题解决，积极改善环保问题，房屋建设需要加强管理监督。深化农村土地制度改革，完善家庭农场经营体系，推动建立现代农业产业体系。对具备特色的文化地域进行保护，确保土地承包关系的稳定性和持久性，进行全方面的改革。实施"互联网+"行动计划，构建以农民合作社为载体的新型经营体系，引导农民专业合作组织发展壮大。稳健推进多元化模式，完善网络服务平台的构建，积极支持农业生产中的耕作、种植、防疫、收割等管理设施。加强对农产品市场的推广、人才的培养和培训，为农村经济发展提供人才后备军。

8.2.4 始终坚持深化改革、扩大开放

深化改革、扩大开放是绿色发展的必由之路，只有这样才能实现可持续发展的目标。秉持开放的精神，推动改革进程，进行开放，才能较大程度促使产业创新升级。

（1）以改革为引领，改善运营氛围。进一步完善投资项目备案审查制度，加快落实市场准入负面清单管理办法，取消一批重复核准和许可类事项。持续开展"最多跑一次"改革，不断提高政府治理能力现代化水平。进一步加强市场监管和执法监察力度，严厉打击各类违法、违规行为。

（2）推进民营经济的蓬勃发展，促进其蓬勃壮大。切实解决制约民企发展的突出矛盾和问题，保证有关小企业在竞争参与和法律保护方面享有平等的权利。深化"放管服"改革，为民营企业发展营造良好营商环境。确立长效机制，以处理贷款延期为主要目标，同时有些机构的违法行为不利于民营企业的日常生产，保护有生产者的合法权益以及日常业务的开展。致力于建立商务管理，需要加强对民营企业的爱护活动尤其是民营企业的日常经营问题的处理，对于企业的管理进行频繁地摸查以便于发现重点保护对象，积极利用服务民营企业直通车和12345政府服务热线，全心全意地处理各种情况，让民营经济的创新源泉源源不断地涌流，激发民营企业的创造力和活力。

（3）积极发展服务对象。我们将继续推进服务对象的培育和提高，以促进"大众创业"和"万众创新"为重点。我们将继续实施绿色发展工程，扩大规模。促使老旧企业发展新的收入增长点，新兴企业在业务拓展过程中不断改善其发展策略以便保证发展的稳定步伐。与此同时，从源头上打牢制造业的根基。以国有企业作为榜首，在业务开展过程中需要主动创新，主动肩负起业务开拓的责任和意识。对企业的停滞业务进行全面清理，将重点放在核心业务开展上，提高内核优势、获利能力和风控能力。鼓励并弘扬创业理念，培养理想与实务共存的现代新型商人。

8.2.5 强化政府绿色经济调控职能

广西绿色课题的实施与践行，属于长期而艰巨的任务，要发展"绿色"就要求各级市场主体和有关部门的协调配合。根据广西经济、社会的发展

状况及存在的突出矛盾，相关政府部门应着重做好以下几个方面的工作。

(1) 加快建立生态文明示范区和生态补偿机制先行先试示范区

立足于广西当地的独特的自然条件，环保示范区的成立将有利于推动广西经济赋予"绿色"底色。"青山秀水、秀水、生态优美"一直以来是作为广西的核心优势。在广西的发展战略中，有关政府部门提出了"加快建设生态文明先行区"的目标。

针对广西在生态发展进程中，长期处在相对不利的地位，拓展其作为主要环保区域的范围。一是向中央政府申请，在兼顾广西地区生态效益与保护费用的基础上，自然生态保护领域会有所增加、重点流域水源保护区、矿产资源丰富地区等重点地区的生态补偿，并从增加转移支付的比例和范围等方面进行。二是在增加生态补偿费、开征环保税等方面，向中央政府申请，在增加生态补偿费、税收优惠等方面进行补偿，在西江流域内，合理整合广西企业之间以及上游区域之间的生态利益与资源配置关系，增加对广西生态资源合理的补偿，推动广西相对优势向可持续发展转变，实现经济健康稳步发展。

(2) 完善绿色财税机制，鼓励融资创新和加大转移支付力度

健全我国的绿色征税平台体系，不仅要构建并实施"绿色资源财政"，还要加强财政的生态补偿作用与强度。"环境财政"是政府财政的一项重要内容，它应充分发挥自身的独特功能，使之真正服务于广西的未来发展。广西在"绿色资源财政"和税收等方面可以做一些尝试，拓宽经费渠道。第一，补偿费用提高。比如，地方绿色债券的发行、设立生态补偿费、对现有的资源税进行适当的调整。第二，财政支出费用需要合理规范，将各类环保经费纳入绿色资源财政当中，加强生态补偿与爱护环境的关系。第三，在选桂林地区作为自然保护区的范围之内，对其该地进行矿产资源的开发利用，更重要的是对于水资源的保护机制的启动，以此进行生态补偿的试点。

(3) 加快绿色扶贫，缩小城乡差距

广西的产业兴旺一直受到贫困问题的负向作用，资源的匮乏等这些因素成为主要原因。改革开放以来，我国社会生产力快速提升，国家对生态环境保护重视程度的不断加深，人们逐渐意识到要想从根本上改变贫困落后的面貌就必须大力发展工业，尤其是重工业产业。然而重工业所牺牲的污染生态问题是难以解决的。因此实现生态与经济效益双赢成为目前解决

广西环境问题的重要目标。绿色扶贫是一种适合环境问题突出但又要急需发展经济的地区，其主要特征在于号召环境保护理念，改善大众的生活质量。绿色扶贫在我国还处于起步阶段，目前尚没有统一的政策体系和标准，各地在实践过程中出现不少问题，需要在实践中不断探索创新，逐步完善。就广西而言，积极推进绿色扶贫，是一项必要的措施。如何将绿色扶贫与生态保护相结合成为当前研究的热点之一，我们可以从以下几个方面来达到更深入的探究：

第一，为了满足高端需求并创造经济效益，我们应该将本地特色的农产品作为绿色产业链的起始因素；另外还可以通过政府政策的支持来促进生态农业建设与发展。第二，致力于推进生态旅游产业的发展，打造绿色"农家乐"产业，以吸引更多游客前来消费。另外，加强对农村劳动力转移培训力度，增加就业岗位，从而促进农民增收致富。第三，倡导"飞地经济"，该经济模式是在维持当下发展速度的同时不破坏、不污染环境，最大程度上利用资源优势去开拓经济。第四，将可能存在较大污染的支柱产业进行外迁，使其脱离生态脆弱区，增加新的收入增加附属值，保证经济效益与环境保护之间的良性互动。第五，持续加强贫困地区的生态基金试点，一方面用于修复已被破坏的生态环境，另一方面则作为培养技术的资金储备，并让高知识、高才能员工参与当地绿色扶贫事业。

（4）健全相关的绿色经济的法律法规

广西的绿色经济发展需要建立完善的法律体系，以确保其可持续发展。在制定广西绿色经济相关法规时，应足够考虑到发达国家的前车之鉴，并结合当地情况，逐步完善顶层制度，形成更具约束功能的法律法规。同时，要积极研究制定符合我区经济社会发展需要的有关政策，为实现绿色发展提供保障。考虑到广西当前的生态状况和未来发展安排，建议加快对于生态环境补偿细则的制定，并对于生态区域、资源的开拓利用、水资源保护区域的相关主体，进行权责制度的有效明确，从而进一步推进绿色经济发展的制度化和法制化。

8.2.6 夯实金融实体经济支撑基础

1. 发挥微观经济主体的绿色经济支撑作用

为了推动绿色经济的发展，必须充分发挥各个微观主体的作用。目前，我国绿色经济存在结构不合理、科技创新能力不足是制约我国绿色经济快速发展的主要因素。对于生产者而言，要加快转变生产方式，提升技术水平，加强对绿色技术创新能力的建设，通过科技创新来推动绿色产业升级；为了满足消费者的绿色需求，我们要提高消费者对绿色消费的意识，并要完善相关法律法规，加强对环保的监督力度。对于环境资源而言，要建立完善的制度体系来约束企业的生产经营行为，从而为实现绿色经济奠定良好的基础。

（1）绿色消费提升绿色产品需求

绿色消费不仅可以减少环境污染，而且还能促进产业结构升级和产业结构调整。因此，政府应该制定一系列政策来推动居民进行绿色消费，包括完善相关法律法规，加大环保宣传力度，建立完善的信息传播机制等。政府应该加大对绿色消费的投入力度，通过税收等多种措施来推动我国绿色消费的快速发展。首先，居民应当深刻认识到绿色消费的重要性。其次，政府应该通过资金支持来促进相应的绿色消费。

（2）提升企业对可持续发展的认知，构建全面的企业环境评估框架

只有这样才能从源头上减少污染，才能保护好我们赖以生存的环境，无论是从个人角度还是企业角度，都应该不断加强对可持续发展的认识和实践，以确保环境保护和可持续发展的目标得以实现。各个社区委员会定期开展绿色经济发展的培训讲座，构建生态保护完整体系，将绿色发展概念根植于居民之中。同时提高企业对绿色发展的认知，建立对资源生态环境价值的全面评估体系，通过构建指标体系来实现对企业生产经营过程中所产生的各种废弃物及污染治理设施等的综合管理。

（3）致力于培养具备绿色专业技能的人才

目前，我国正处于工业化中期阶段，在这一过程当中，要实现产业结构升级，大力发展节能减排、低碳环保产业，还需加快技术创新步伐，促进科技创新成果转化，推动绿色经济的快速发展。绿色经济的繁荣离不开大量高素质的创新创业人才，促进产业结构优化，实现经济结构合理化调整。通过建立完善的制度体系来保障科研人员的稳定以及科研成果的推广，同时也要为科研人员提供一个良好的工作生活条件。持续推进广西"产学研"研究体系的拓展和完善，以确保技术与实践的无缝衔接。

2. 强化绿色金融对绿色经济发展的资金保障功能

绿色经济的可持续发展离不开绿色金融的有力支持，因为绿色金融为

其提供了必要的资金保障。近年来，我国各地都加大了推动绿色经济发展的力度，具体措施包括以下几个方面：

首先，建立一套规范的绿色金融体系，进一步提升绿色金融的发展完善水平。国内学术界对绿色金融进行绩效评价时通常采用"投入—产出"分析框架来衡量。绿色金融的健康发展需要有完善的体系作为核心基础，这些体系是运行基础和条例规定保障恰当的体系构建能够实现人力、物力成本的节约，从而提高绿色金融的绩效。绿色金融主要指通过市场手段引导企业减少对资源消耗的同时实现环境保护的一种金融活动，即绿色信贷、绿色债券、绿色保险等。根据我们现阶段所提出的体系构建。经济发展水平与金融环境指标在绿色金融体系概念中所占权重为50%，所以构建一套科学有效的绿色金融体系评价指标体系显得尤为重要。绿色金融所强调的是以经济为基础的绿色理念，这一理念凸显了其对生态环境的高度重视。从全国层面看，绿色金融还没有成为一个独立的行业，各地区之间的差别比较明显。

其次，在充分发挥本地优势的基础上，我们致力于创新专业化绿色金融产品，以满足市场需求。我国已初步形成了以绿色信贷、环境保险、污染债券为主的三大体系，其中绿色信贷和污染债券都取得了较大发展。因此，有必要对其进行进一步开发和研究。广西可供选择的可持续发展产品相对较为有限，同时还要建立政府主导的多层次资本市场体系，为绿色金融发展提供资金支持，鼓励广西当地的绿色企业积极探索绿色金融产品。

最后，绿色消费的倡导，从长远来看，是一种解决环保与经济发展矛盾问题的核心策略。一方面，企业需要通过绿色消费信贷来促进自身的转型升级。另一方面，商业银行也可以通过发放绿色消费的信贷业务来增加收益，扩大自身市场份额。绿色消费信贷不仅能够为个人和家庭提供环保意识和绿色信贷消费产品，同时也是一种可持续发展的金融工具。此外，在发放绿色消费信贷时，商业银行还应注意防范信贷风险，如借款人违约、贷款逾期等。

8.2.7 加强绿色产业生态文明建设

广西的核心潜力在于其优越的生态环境，这为其带来了巨大的发展机遇。在加快推进工业化、城镇化进程中，广西必须牢牢把握生态建设这个根本。在建设国家生态文明试验区的过程中,必须巩固、提升和充分利用广西的生态优势。

首先,坚守严明治污之道。加快实施重点流域水污染防治规划。实施污染防治战役,全面推进"双十工程"。全面加强流域综合整治,加快补齐水污染防治短板。持续推进大气污染治理工作,加快实施重点区域大气、土壤、水污染联防联控工作;加强对工业污染源排放的监督检查力度,全面提升污染物减排水平。

其次,加速生态保护与修复的步伐。强化污染防治攻坚战,开展农村环境连片整治三年行动。推进"三区三线"国土空间规划,实现"多规合一"的目标。坚持绿色发展理念,强化污染防治、提升环境质量,全力打好、打赢蓝天保卫战。广西的发展离不开厚植生态底色,因此我们需要加强对世界自然遗产地,如桂林山水和左江花山岩画文化景区的保护。

最后,推动绿色产业的发展。推动工业领域节能减排和资源节约水平的提升,促进产业结构优化升级。持续推进生态产业化和产业生态化,进一步提升绿色经济在地区生产总值中的占比。加大对工业固体废弃物综合处置和资源再生利用技术的研发推广力度。推进企业循环生产、产业循环组合、园区循环改造,实施为期三年的绿色制造专项行动,以打造一批绿色园区和绿色工厂为目标。加强对废弃资源回收利用技术的研究和推广力度。

8.2.8 坚定不移提升民生福祉

首先,推进特色教育在区域建设中的强劲发展。完善农村学前三年免费政策,逐步取消城市幼儿入托、入园补贴;扩大学前教育资源供给,以多元化的方式提升学前教育水平;推动农村留守儿童接受免费或优惠的托育照顾政策落实到位;深化教育领域综合改革,全面优化育人环境;推动农村地区优质教育资源向城市聚集;深化农村和社区教育体制改革,推动城乡教育资源均衡配置与共享。

其次,推进广西基本公共卫生服务项目投入保障机制,强化基层医疗卫生机构综合改革力度,加大农村三级卫生网建设投入。健全公共卫生应急反应机制,构建分级诊疗格局,推动基本医疗卫生制度可持续运行。加强医疗、医保和医药"三医"联动,提升居民医保人均财政补贴水平。强化乡村医生队伍管理与培养，探索建立基层首诊制度和双向转诊机制。加强医院文化建设，营造良好的就医环境，以此建立和谐的医患关系。

再次，加强社会保障的兜底机制，以确保公民的安全。实施城乡居民医保制度整合并扩大覆盖面，积极稳妥扩大城乡居民医保覆盖面，完善城镇居民基本医疗保险制度，实现城乡一体化医疗保障体系建设目标。全民参保计划的重点在于扩大覆盖范围，建立完善社会保障体系，从而加强对城镇困难职工的脱贫攻坚力度，为他们提供更好的帮助。加快推进城乡居民最低生活保障制度建设，扩大覆盖面，确保实现应保尽保目标。

最后，推动教育、文化等多个领域的繁荣发展。加快推进广西重点建设区长征国家文化公园的建设工作；加强和改进新时期思想政治工作；扩大基层文化惠民工程的覆盖范围，以促进文化事业的全面发展；加强推广群众性精神文明建设活动。

第 9 章

主要结论与研究展望

9.1 主要结论

9.1.1 广西绿色经济发展具有理论依据与实践意义

广西的绿色经济发展充分运用了一系列绿色发展理论,例如,生态环保理论、区域发展理论等。独具特色的绿色经济发展决定了广西区域经济发展的特殊性和绿色经济发展政策创新的必要性。广西绿色经济发展将遵循绿色经济发展的一般规律,通过绿色经济发展战略与制度创新,建立适应于广西绿色经济发展的长效机制,形成绿色经济发展的制度体系,以此探索广西生态保护与经济效益良性互动的新模式。

本书从经济、资源和环境、政府政策等方面充分分析了广西绿色经济发展的现状及存在的问题,试图构建其绿色经济发展评价指标体系,科学评价广西绿色经济发展状况,并提出相应的对策建议。这对践行发展理念,实现广西可持续发展具有重要的现实意义。综上所述,在广西绿色经济发展过程中,对其及时进行发展战略与政策方面的调整与创新,既具有充分理论依据,也具有重要实践价值。

9.1.2 绿色经济发展、绿色经济、循环经济的有机结合可实现可持续发展

绿色经济是与绿色发展相契合的经济发展方式和生态建设模式,绿色经济是实现绿色发展的实践路径,循环经济是绿色经济的产业发展方式,三者的有机结合将推进社会经济的可持续发展。

绿色经济发展是一种以生态环境容量和资源承载力为限制条件的创新发展模式,其核心在于将环境保护视为实现可持续发展的重要支柱。它不仅能够满足人们日益增长的物质需求,还能有效地减少环境污染、保护生态环境、改善人民生活质量。作为新时代的发展理念,其对于经济、政治、社会、文化以及生态等多个领域的发展都具有深远的引领作用和实践意义。同时,绿色经济发展也成为解决我国目前所面临环境污染等问题的必然选

择。绿色经济以市场为导向、以传统产业经济为基础、以经济与环境的和谐为目标,既是一种新兴的经济形态,也是产业经济为满足人类环保与健康需求而产生并呈现的一种发展状态。循环经济是采用无限循环的方式,其核心是提高资源利用率,实现社会、经济与环境可持续发展。三者的融合将有利于社会、经济、环境的稳定健康发展。

9.1.3 绿色经济发展是广西社会经济发展的必然选择

广西属我国西南地区的生态屏障区域,其生态环境的优劣对我国生态格局具有较大的影响;而广西地区资源存量丰富、生态环境优良,贫困人口多、贫困程度深,生态环境脆弱但是生态价值较高。因此,绿色经济发展将是广西发展的必然选择,其核心体现在把节约自然资源和保护生态环境放在首要位置,以促进可持续增长和增进民生福祉,实现人口、资源环境和经济协同发展的包容性就是走绿色经济发展道路。但是,广西经济社会发展与资源环境生态的供需矛盾比较突出,基础设施相对落后,且缺乏资金支持。同时,支撑绿色经济发展的高新绿色生产技术与能源系统落后,工业化和城镇化水平低,各级政府部门间协作不够深入,民众的绿色经济发展意识薄弱,诸如此类问题也是会影响绿色经济发展的进程。

9.1.4 广西具有绿色经济发展的内在动力与客观需要

文化观念体现着人的社会属性和思想属性,故文化发展至关重要,甚而关乎着一个国家的经济命脉和发展前景。广西经济发展较为落后,大力弘扬绿色经济发展理念,贯彻绿色经济发展措施是拉动其经济发展的重要抓手,更是其可持续发展以及提高经济发展水平的新机遇。广西绿色经济发展的内在动力强劲,具体表现为:理论上具有绿色经济发展权利的生成逻辑,享有集体性权利的正当性;绿色经济发展既是广西可持续发展的客观需要,也是推动各地方政府善治的巨大引擎。总体而言,提出"绿色经济"理念为建设美丽广西提供了可行的实践策略和具体的实践方法,这是经济、社会和生态效益的有机结合,从而有助于实现生态保护和经济协同发展的目标。

9.1.5 绿色经济与绿色金融是绿色经济发展水平的重要衡量指标

在本书中,我们对广西绿色经济发展水平以及绿色经济与绿色金融的耦合协调发展问题进行了实证研究,并构建了综合评价体系,利用耦合协调模型计算了绿色经济综合指数和绿色金融综合指数之间的耦合协调的发展关系,最终得出以下结论:

首先,从绿色经济发展水平出发,基于实证的理论背景,说明绿色经济与绿色金融是绿色经济发展水平的重要衡量指标,较高水平的绿色经济与绿色金融是广西高质量绿色经济发展的基础。然而,广西在绿色经济和绿色金融方面的整体发展水平相对较低,尽管绿色经济评分呈逐年上升趋势,但绿色金融得分却逐年下降,这表明广西需要加强绿色金融的发展,同时提升金融机构和企业的社会责任感。

其次,从绿色经济发展的可持续力来看,绿色经济与绿色金融相互促进、协调配合为绿色经济发展提供可持续增长力。两者的耦合程度是绿色经济发展可持续力的重要体现,而广西绿色经济与绿色金融的耦合度与耦合协调度整体表现一般。在广西的后续发展过程中,需要协调经济增长和生态环境保护之间的关系,以避免陷入"发展暂缓区",并在绿色经济和绿色金融的耦合协调下,实现经济社会的快速可持续发展。

9.1.6 实现广西绿色经济发展务必重构政策体系

面对广西绿色经济发展的客观需求,要求准确把握其发展的核心问题,需要进一步强化有针对性的、具体的绿色经济发展政策与措施。围绕广西各地区绿色经济发展的核心问题,进行适应于广西绿色经济发展的长效机制,并创新政策体系,以期满足其绿色经济发展的客观需求。具体而言,绿色经济发展政策与措施的创新,需要着重突破以下几个方面:

首先,根据广西绿色经济发展的实际情况,明确绿色经济发展政策的价值取向;坚持经济效率与生态效益相适应的根本原则;坚持把绿色经济发展理念贯穿广西经济发展全过程;坚持绿色经济、生态环境和人文社会的协调发展与统筹兼顾;坚持具体问题具体分析的方法和因地制宜的原则。

其次,进一步明确新时代广西绿色经济发展政策的实施目标。一是实现经济、社会和生态文明的三者共同融合发展;二是助力乡村振兴并实现共同富裕;三是推进广西新型工业化进程,并最终实现其转型升级。

最后,落实广西绿色经济发展政策目标的具体措施。坚定不移推动实体经济发展;始终坚持以扩大有效市场需求为目标;加强推进城乡协调发展；强调深化改革、扩大开放的重要性；进一步完善人才科技支撑后备军；贯彻生态文明建设理念；切实做到增进提升民生福祉。

9.2 研究展望

从发展的时间阶段来说，本书分析的是广西绿色经济发展的制度与政策创新问题，是一个动态的历史过程。从层面区分来说，鉴于已有成果的研究，较集中于宏观的绿色经济发展制度政策和微观环保技术活动的探讨，而本书更多是重点研究中观层面的绿色经济发展问题。

首先，本书以绿色经济发展理论、区域发展理论、生态文明与可持续发展理论为基础，通过对现有理论资源的深度吸纳和实际采用的成果作为切入视角，基于对广西绿色经济发展特点的深刻理解，将其纳入可持续发展体系之中。从主观与客观、整体与局部实证等多个角度出发，与现实情况紧密相连，对其进行深刻剖析，并对其内在规律进行系统构建。但是，在广西经济和社会持续发展的过程中，绿色经济发展也会出现诸多问题。因此，进行绿色经济发展的政策创新及重构全新绿色经济发展政策体系，是一项需要时间的复杂工程。考虑到时间、精力和研究条件的相关因素。本书对于广西绿色经济发展的动态把握、绿色经济发展创新机制与政策的实践检验、政策体系重构的可行性等方面的问题研究尚有一定欠缺。

其次，本书希望尽可能多地将影响广西绿色经济发展的因素，均纳入分析框架体系内，但只将一部分可以量化因素纳入考量体系中，而未能量化（如地方政府干预政策）因素却未包含在研究范围内。本书提出广西绿色经济发展的构想，因研究条件所限，未能展开进行深入全面细致的研究，需要未来相关研究去进一步完善与补充。

最后，因为本书的有关研究者存在专业技能方面的限制，可能会在文献梳理方面有些许不足。同时，数据和篇幅的限制，也致使研究内容在理论层面和实践层面仍然值得深挖。对于以上所提的问题，本书会在未来的工作生活之中进一步对其加以详细完善，期望获得更有研究价值的广西绿色发展的结论。

主要参考文献

[1] Alfred Schutz. Alfred Schutz on Phenomenology and Social Relation [M]. Chicago: The University of Chicago Press, 1970.

[2] Habermas.On the Pragmatics of Communication [M].Cambridge: Cambridge Press, 1998.

[3] Huang J H, Yang X G, Cheng G, et al. A comprehensive eco-efficiency model and dynamics of regional eco-efficiency in China [J]. Journal of Cleaner Production, 2014, 67（3）.

[4] Goldsmith, R. Financial Structure and Economic Development [M]. New Haven: Yale University Press, 1969.

[5] Jose Salazar.Environmental Finance:Linking Two World [J].Slovakia, 1998.

[6] Aintablian S., Mcgraw P.A., Roberts S.Bank Monitoring and Environmental Risk, 2007.

[7] Gene M. Grossman, Alan B. Krueger. Environment Impact of A North American Free Trade Agreement [R]a NBER Working Paper, 1991.

[8] Panayotou T. Empirical Tests and Policy Analysis of Environmental Degradation at Different Stages of Economic Development [R] .Technology and Employment Programme, 1993.

[9] Ankarhen M. A Dual Assessment of the Environmental Kuznets Curve: The Case of Sweden [R]. Sweden: Umea University, 2005.

[10] Grubb M, Muller B, Butter I. The relationship between carbon dioxide emission and economic growth [R]. Oxbridge: Oxbridge study on CO2-GDP relationship, 2004.

[11] De Bruyn. S.M, van den Bergh J.C.M, Opschoor.J.B.Economic growth and emissions: reconsidering the empirical basis of Environmental Kuznets Curves [J]. Ecological Economics, 1998（25）.

[12] FriedLB, GetznenM. Determinants of CO_2 emissions in a small open economy [J]. Ecological Economics, 2003 (45): 133-148.

[13] David I Stem, The Rise and Fall of the Environmental Kuznets Curve [J]. World Development, 2004 (32).

[14] S.M de Bruyn, J.C.J.M van den Bergh, J.B Opschoor. Economic growth and emissions: reconsidering the empirical basis of environmental Kuznets curves [J]. Ecological Economics, 1998 (25).

[15] Soumyananda Dinda. Environmental Kuznets Curve Hypothesis: A Survey [J]. Ecological Economics, 2004 (49).

[16] Usama Al-Mulali5 Behnaz Saboorib, Ilhan Ozturkc. Investigating the environmental Kuznets curve hypothesis in Vietnam [J]. Energy Policy, 2015 (76).

[17] Sonia Labatt, Rodney R. White Carbon Finance: The Financial Implications of Climate Change [M] Wiley Finance Series 2007.

[18] Benjamin. The Equator Principles: The Voluntary Approach Environmentally Sustainable Finance [J], European Environmental Law Review, 2005 (11).

[19] Andrew A. King, Michael J. Lenox. Does It Really Pay to Be Green? An Empirical Study of Firm Environmental and Financial Performance: An Empirical Study of Firm Environmental and Financial Performance [J]. Journal of Industrial Ecology, 2001 (5).

[20] Pmvay Alam, Mohammed Nizamuddin. An Analytical Study of Green Financial Markets for Sustainable Development [J]. International Journal of Applied Financial Management Perspectives, 2013 (2).

[21] Sarwar Uddin Ahmed. Green Banking: Advancement and Opportunities [J]. KEIEI TO KEIZAI, 2012 (92).

[22] David William Pearce.Blueprint for a Green Economy: A Report [M].1989.

[23] Michael Jacobs.The Green Economy:Environment, Sustainable Development and the Politics of the Future [M]. Pluto Press, Massachusetts, 1991.

[24] Jack Reardon.Comments on Green economics:Setting the Scene,

Aims, Context, and Philosophical Underpinnings of the Distinctive New Solutions Offered By Green Economics [J]. Green Economics, 2007 (1).

[25] UNEP.Green Jobs:Towards Decent Work in a Sustainable, Low-Carbon World [R]. 2008.

[26] UNEP.Towards a Green Economy-Pathways to Sustainable Development and Poverty Eradication [M].UNEP, 2011.

[27] UNEP.Green Economy Indicators-Brief Paper [R].2012.

[28] R Turvey.Green economy and development in small urban municipalities:towards sustainable community development [J]. Geo Journal, 2015 (5).

[29] Ulrich Brand. Green Economy, Green Capitalism and the Imperial Mode of Living: Limits to a Prominent Strategy, Contours of a Possible New Capitalist Formation [J].Fudan Journal of the Humanities and Social Sciences, 2016 (9).

[30] Stahmer C. System for Integrated Environmental and Economic Accounting (SEEA) of the United Nations [M]. Approaches to Environmental Accounting. Physica-Verlag HD, 1993.

[31] Bossel H. Assessing Viability and Sustainability:A Systems-Based Approach fbr Deriving Comprehensive Indicator Sets [J]. Integrated Natural Resource Management: Linking Productivity, the Environment and Development, 2003.

[32] UNESCAP.Eco-efficiency Indicators:Measuring Resource-use Efficiency and the Impact of Economic Activities on the Environment [R].2009.

[33] UNEP.Measuring Progress towards An Inclusive Green Economy [R]. 2012.

[34] Ahmed N.Linking Prawn And Shrimp Farming towards A Green Economy in Bangladesh: Confronting Climate Change [J]. Ocean & Coastal Management, 2013 (5).

[35] Lie DC.The Global Green Economy Index GGEI 2014-Measuring National Performance in the Green Economy [J].2014.

[36] Biesecker & Hoftneister. Global Environmental Governance: Taking

Stock Moving Forward [J]. Annual Review of Environment and Resources. 2010, (33).

[37] Bob Giddings, Bill Hopwood, Geoff O'Brien. Environment, economy and society: fitting them together into sustainable development [J]. Journal of Economic Development, Environment and People, 2013 (2).

[38] Bryan G. Norton. Sustainability: a philosophy of adaptive ecosystem management [M]. Chicagl: University of Chicago Press, 2005.

[39] Daly H E, Cobb JB. For the common good: redirecting the economy towards community, the environment and a sustainable future [M]. Boston: Beacon Press, 1989.

[40] Diego Vazquez-Brusta, Alastair M. Smith, Joseph Sarkisc. Managing the transition to critical green growth: The Green Growth State5 [J]. Futures, 2014, (64).

[41] Dryzek J.S., H. Stevenson.Global Democracy and Earth System Governance [J]. Ecological Economics, 2011 (70).

[42] Ehresman, Timothy G.; Okereke, Chukwumerije. Environmental justice and conceptions of the green economy [J]. International Environmental Agreements Politics Law and Economics, 2015 (15).

[43] Ferng J. Toward a scenario analysis framework for energy footprints [J]. Ecological Economics. 2002 (40).

[44] Grossman, G.M., Krueger, A.B.Environmental Impacts of A North American Free Trade Agreement [R] .NBER Working Papers, 1991.

[45] Joost G Vogtlander, Arianne Bijma, Han C Brezet. Communicating the eco-efficiency of products and services by means of the eco-costs/value model [J]. Journal of Cleaner Production, 2002 (2).

[46] Lorek S, SpangenbergJH. Sus tai nableconsumptionwithi na sus tai nableeconomy - beyond green growth and green economies [J]. Journal of Cleaner Production, 2014, 63 (2).

[47] Martijn G. Rietbergen, Kornelis Blok. Setting smart targets for industrial energy use and industrial energy efficiency [J]. Energy Poligy, 2010(38).

[48] McAfee, Kathleen. Green economy and carbon markets for conservation

and development: a critical view [J]. International Environmental Agreements Politics Law and Economics, 2016 (16).

[50] Mishan E.J.. The Costs of Economic Growth [M]. London: Staples Press, 1967.

[51] NEXT10. 2012 California Green Innovation Index[R]. 2012.

[52] Nicolas Moussiopoulos, Charisios Achillas, Christos Vlachokostas, Dimitra Spyridi, KonstantinosNikolaou. Environmental, social and economic information management for the evaluation of sustainability in urban [J]. 2012.

[53] OECD .Indicators to measure decoupling of environmental pressure from economic growth [R]. Paris: OECD, 2002.

[54] OECD.Towards Green Growth: Monitoring Progress OECD Indicators [R]. 2011.

[55] Pierre-Andre Jouvet, Christian de Perthuis. Green growth: From intention to implementation [J].International Economics.2013 (134).

[56] Roy Morrison. Ecological Democracy, Boston: South End Press, 1995.

[57] Sabit Diyar, Aigul Akparova, Azamat Toktabayev, et al. Green Economy: Innovation-based Development of Kazakhs tan [J]. proceed a social and Behavioral Sciences. 2014 (140).

[58] Satbyul Estella Kim, Ho Kim, Yeora Chae. A new approach to measuring green growth:Application to the OECD and Korea [J]. Futures, 2014 (11).

[59] Statistics Netherlands. Green growth in the Netherlands [R]. 2011.

[60] Sueyoshi T. Damages to return with a possible occurrence of eco-technology innovation measured by DEA environmental assessment [J]. Journal of Economic Structures, 2017, 6 (1).

[61] UNDP.Human Development Report 1990: Concept and Measurement of human development [R]. UNDP, 1990.

[62] UNESCAP. Eco- efficiency Indicators: MeasuringResource- use Efficiency and the Impact of Economic Activities on the Environment[R]. 2009.

[63] Wackernagel.Our Ecological Footprint: Reducing human impact on the earth [M]. Philadelphia, A: New Society Publishers. 1996.

[64] World Bank. Inclusive Green Growth: The Pathway to Sustainable Development [R]. World Bank, 2012.

[65] World Bank. Inclusive Green Growth: The Pathway to Sustainable Development [R]. 2010.

[66] Yale Center for Environmental Law and Policy.EPI2012: Environmental Performance Index and PilotTrend Envi-ronmental Performance Index [R]. 2012.

[67] Yong Li, Andreas Oberheitmann. Challenges of rapid economic growth in China: Reconciling sustainable energy use, environmental stewardship and social development[J], Energy Policy, 2011, （39）.

[68] 马骏. 论构建中国绿色金融体[J]. 金融论坛, 2015, 20（5）.

[69] 潘锡泉. 绿色金融在中国: 现实困境及应对之策[J]. 当代经济管理, 2017, 39（3）.

[70] 俞岚. 绿色金融发展与创新研究[J]. 经济问题, 2016（1）.

[71] 赵彦云, 林寅, 陈昊. 发达国家建立绿色经济发展测度体系的经验及借鉴[J]. 经济纵横, 2011（1）.

[72] 吴波. 绿色消费研究评述[J]. 经济管理, 2014, 36（11）.

[73] 天大研究院课题组. 中国绿色金融体系: 构建与发展战略[J]. 财贸经济, 2011（10）.

[74] 高永久, 孔令苇等. 论少数民族文化权利法律保护的紧迫性与必要性[J]. 思想战线, 2009（1）.

[75] 谢里, 王瑾瑾. 中国农村绿色发展绩效的空间差异[J]. 中国人口资源与环境, 2016（6）.

[76] 杨伟兵. 广西历史地理的分区与研究[J]. 广西民族研究, 2012, 33（5）.

[77] 谢震, 高晓红. 民族地区生态文明建设探究[J], 广西民族研究, 2017（10）.

[78] 吕文慧, 高志刚. 新疆与全国省区循环经济发展水平评价及效率分析[J], 干旱区资源与环境, 2014, 28（2）.

[79] 龙肖毅, 张咏梅. 乡村旅游产业与农村经济发展交互耦合协调发展的实证研究[J]. 西南师范大学学报: 自然科学版, 2016, 41（5）.

[80] 王玲玲, 张艳国. "绿色经济发展"内涵探微[J]. 社会主义研究,

2012，（5）.

[81] 李若愚.我国绿色金融发展现状及政策建议[J].宏观经济管理，2016（1）.

[82] 范少虹.绿色金融法律制度：可持续发展视阈下的应然选择与实然构建[J].武汉大学学报（哲学社会科学版），2013，66（2）.

[83] 宋祺佼，吕斌.城市低碳发展与新型城镇化耦合协调研究：以中国低碳试点城市为例[J].北京理工大学学报：社会科学版，2017，19（2）.

[84] 杨阳，王国松.绿色金融发展水平测度：以上海为例[J].海南金融，2017（4）.

[85] 马俊毅，席乾隆.论"族格"：试探民族平等与民族自治、民族自决的哲学基础[J].民族研究，2007（1）.

[86] 彭文民，封永平.施特劳斯"自然权利"学说的解读[J]，求索，2007（8）.

[87] 李步云.论人权的本原[J].政法论坛，2004（2）.

[88] 王林.浅析康德之人的非社会性的社会性[J].辽宁行政学院学报，2007（3）.

[89] 仲长城.从自然人性到"政治动物"：解读亚里士多德"人是天生的政治动物"[J].四川大学学报：哲学社会科学版，2009（4）.

[90] 刘景慧.从新进化论看民族与文化的发生[J].湖南城市学院学报，2008（1）.

[91] 尹钧惠.循环经济发展的绿色金融支持体系探讨[J].金融与经济，2009（9）.

[92] 廖小东，黄寅英，丰凤.少数民族地区低碳经济发展研究：以黔东南苗族侗族自治州为例[J].安徽农业科学，2011（33）.

[93] 杨锋.浅议绿色金融的法律规制[J].人民论坛，2016（14）.

[94] 袁康.绿色金融发展及其法律制度保障[J].证券市场导报，2017（1）.

[95] 安国俊，曹超.绿色金融国际立法与借鉴[J].中国金融，2017（18）.

[96] 刘乃贵，吴桐.绿色金融法律保障机制研究[J].财经科学，2017（10）.

[97] 周淑芬，李妍，王康.绿色金融视角下农业循环经济发展的政策支持研究：以河北省为例[J].中国农业资源与区划，2017，38（7）.

[98] 宁伟，佘金花.绿色金融与宏观经济增长动态关系实证研究[J].求

索，2014（8）.

[99] 周晓慧.面向循环经济的企业绿色投资决策：现状、困境与出路[J].商学研究，2012，19（2）.

[100] 王佳佳，赵慧娥.循环经济发展的绿色金融支持研究[J].农业经济，2015（10）.

[101] 林晓，徐伟，杨凡，等.东北老工业基地绿色经济效率的时空演变及影响机制：以辽宁省为例[J].经济地理，2017，37（5）.

[102] 刘俊杰，李梦柔.转型期江苏循环经济发展实证分析[J].生态经济，2018，34（9）.

[103] 谢园园，傅泽强，邬娜，等.基于过程-效应原理的循环经济评价方法及其实证研究[J].生态经济，2015，31（2）.

[104] 黄永斌，董锁成，方婷.生态脆弱贫困区县域循环经济发展评价研究：以定西市为例[J].农业现代化研究，2015，36（6）.

[105] 王红，齐建国，刘建翠.循环经济协同效应：背景、内涵及作用机理[J].数量经济技术经济研究，2010，30（4）.

[106] 李春霞，熊莺，许勇.黔东南：同步小康在行动[J].当代广西，2013（35）.

[107] 庄友刚.准确把握绿色经济发展理念科学规定性[J].中国特色社会主义研究，2016（1）.

[108] 黄志斌，姚灿，王新.绿色经济发展理论基本概念及其相互关系辨析[J].自然辩证法研究，2015（8）.

[109] 黄建欢，吕海龙，王良健.金融发展影响区域绿色经济发展的机理：基于生态效率和空间计量的研究[J].地理研究，2014，33（3）.

[110] 刘耀彬，胡凯川，喻群.金融深化对绿色经济发展的门槛效应分析[J].中国人口·资源与环境，2017，27（9）.

[111] 丁志国，张洋，覃朝晖.中国农村金融发展的路径选择与政策效果[J].农业经济问题，2016，37（1）.

[112] 耿刘利，黎娜，陈孟.浅析安徽农村金融发展与经济增长间的关系：基于VAR模型[J].西南石油大学学报（社会科学版），2018，20（4）.

[113] 徐丹丹，刘凯元，曾章备，谭慧颖.我国区域农村金融生态环境评价研究：基于突变级数法的分析[J].农业经济问题，2016，37（4）.

[114] 刘敏楼. 农村金融生态环境对金融发展的影响 [J]. 湖南农业大学学报（社会科学版），2016（5）.

[115] 李晓西，潘建成. 中国绿色经济发展指数的编制：《2010 中国绿色经济发展指数年度报告：省际比较》内容简述 [J]. 经济研究参考，2011（2）.

[116] 张雪梅. 西部地区生态效率测度及动态分析：基于 2000—2010 年省际数据 [J]. 经济理论与经济管理，2013，35（2）.

[117] 张宇青，周应恒，易中懿. 农村金融发展、农业经济增长与农民增收：于空间计量模型的实证分析 [J]. 农业技术经济，2013（11）.

[118] 崇台，唐道远. 农村金融发展、农村金融需求对农村经济增长影响的实证 [J]. 统计与决策，2015（10）.

[119] 王淑英，孙冰，秦芳. 基于空间面板杜宾模型的农村金融发展与农村经济增长关系研究 [J]. 中国农业资源与区划，2016，37（9）.

[120] 胡振华，陈恒智. 农村金融发展、城镇化与城乡居民收入差距实证分析 [J]. 经济问题探索，2013（6）.

[121] 王修华，关键. 中国农村金融包容水平测度与收入分配效应 [J]. 中国软科学，2014（8）.

[122] 孙玉奎，冯乾. 我国农村金融发展与农民收入差距关系研究：基于农村正规金融与非正规金融整体的视角 [J]. 农业技术经济，2014（11）.

[123] 林雅娜，Christopher Gan，谢志忠. 农村金融市场竞争对农村信用社信贷风险的影响研究：基于福建县级农村信用社数据 [J]. 农业技术经济，2017（1）.

[124] 贾立，汤敏，胡晶晶. 中国农村金融成熟度的测量与实证研究 [J]. 南京审计大学学报，2017（1）.

[125] 林丽娟. 基于灰色关联度分析的海南农村金融发展与农村经济增长相关性研究 [J]. 智富时代，2018（7）.

[126] 王礼刚，吴传清. 汉江生态经济带主要城市绿色经济发展水平测度与提升路径 [J]. 湖北经济学院学报，2018，16（4）.

[127] 郭付友，侯爱玲，佟连军，马振秀. 振兴以来东北限制开发区绿色经济发展水平时空分异与影响因素 [J]. 经济地理，2018（8）.

[128] 谭春兰，王柯茹，等. 绿色金融促进海洋产业结构调整的研究 [J]. 生态经济，2017（9）.

[129] 王立国，赵婉婷，等.我国金融发展与产业结构升级研究[J].财经问题研究，2015（1）.

[130] 唐勇，丁嘉铖.我国绿色金融发展促进产业结构转型升级研究[J].石河子大学学报（哲学社会科学版），2018（3）.

[131] 郭幼佳，魏荟颖，赵聪.保定市绿色金融的发展促进产业结构优化[J].纳税，2017（28）.

[132] 陆旸.从开放宏观的视角看环境污染问题：一个综述[J].经济研究，2012（2）.

[133] 陈诗一.中国各地区低碳经济转型进程评估[J].经济研究，2012（8）.

[134] 王佳，杨俊.地区二氧化碳排放与经济发展：基于脱钩理论和CKC的实证分析[J].山西财经大学学报，2013（1）.

[135] 高宏霞，杨林，付海东.中国各省经济增长与环境污染关系的研究与预测：基于环境库兹涅茨曲线的实证分析[J].经济学动态，2012（1）.

[136] 韩君.中国区域环境库兹涅茨曲线的稳定性检验：基于省际面板数据[J].统计与信息论坛，2012（8）.

[137] 卢远，华璀，陆赛.广西环境库兹涅茨曲线的实证分析[J].广西师范学院学报（自然科学版），2007（1）.

[138] 方小枝，吴玉鸣.西南岩溶区经济增长与环境污染关系的统计分析：以广西为例[J].生态经济（学术版），2006（2）.

[139] 唐啸.绿色经济理论最新发展述评[J].国外理论动态，2014（1）.

[140] 高红贵，刘忠超.中国绿色经济发展模式构建研究[J].科技进步与对策，2013（24）.

[141] 李胜，陈晓春.低碳经济：内涵体系与政策创新[J].科技管理研究，2009（10）.

[142] 付允，林翎，等.我国循环经济标准体系构建研究[J].中国标准化，2011（3）.

[143] 鲍健强，苗阳等.低碳经济：人类经济发展方式的新变革[J].中国工业经济，2008（4）.

[144] 胡鞍钢，周绍杰.绿色发展：功能界定、机制分析与发展战略[C].国情报告第十六卷，2013.

[145] 姬振海.运用综合手段推进环境保护历史性转变[J].环境保护，

2010（3）.

[146] 冯飞，王晓明，等．对我国工业化发展阶段的判断[J]．中国发展观察，2012（8）．

[147] 冯之浚，周荣．低碳经济：中国实现绿色发展的根本途径[J]．中国人口·资源与环境，2010（4）．

[148] 吴晓青．推动经济绿色转型打造绿色增长竞争力[N]．国际商报，2013.

[149] 乔海曙，谭焯，等．中国碳金融理论研究的最新进展[J]．金融论坛，2011（2）．

[150] 张文中．绿色金融：现状、问题与趋势[J]．新疆财经，2005（6）．

[151] 王玉靖，刘学敏．基于碳排放测度视角的我国低碳经济发展政策选择[J]．甘肃社会科学，2015（1）．

[152] 何德旭，史晓琳．中国碳金融服务体系构想湖北经济学院学报，2012（3）．

[153] 邓莹．低碳经济的兴起与我国环境金融的构建[J]．经济问题，2010（9）．

[154] 李卢霞，黄旭．中国银行业绿色信贷发展的同业比较[J]．金融论坛，2011（2）．

[155] 张燕．绿色小额信贷：低碳农业政策性金融支持路径探析[J]．武汉金融，2011（2）．

[156] 李东卫．我国"碳金融"发展的制约因素及路径选择[J]．环境经济，2010（4）．

[157] 张兆曦，赵新娥．绿色金融存在的问题及解决途径[J]．武汉金融，2013（5）．

[158] 于文夭．我国绿色金融发展中的问题与对策[D]．东北师范大学，2012.

[159] 马萍．绿色信贷与社会责任：基于商业银行层面的分析[J]．当代经济管理，2009（6）．

[160] 朱萃．商业银行实施绿色金融的效益分析及发展途径[J]．企业导报，2010（6）．

[161] 崔如波．绿色经济：21世纪持续经济的主导形态[J]．社会科学研究，

2002（4）.

[162] 赵斌.关于绿色经济理论与实践的思考[J].社会科学研究,2006（2）.

[163] 胡鞍钢.绿色发展就是绿色贡献[J].绿叶,2008（4）.

[164] 许宪春.绿色经济发展与绿色经济核算[J].统计与信息论坛,2010（11）.

[165] 季铸,白洁,孙瑾,等.中国300个省市绿色经济与绿色GDP指数（CCGEI2011）绿色发展是中国未来的唯一选择[J].中国对外贸易,2012（2）.

[166] 诸大建.绿色经济新理念及中国开展绿色经济研究的思考[J].中国人口·资源与环境,2012（5）.

[167] 丁刚,陈奇玲.绿色经济的涵义及评价指标体系的构建[J].太原理工大学学报（社会科学版）,2014（2）.

[168] 佟贺丰,杨阳等.中国绿色经济发展展望：基于系统动力学模型的情景分析[J].中国软科学,2015（6）.

[169] 刘恩云,常明明.国内绿色发展研究前沿述评[J].贵州财经大学学报,2016（3）.

[170] 彭绪庶.绿色经济促进创新发展的机制与路径[J].经济纵横,2017（9）.

[171] 王金南,李勇,曹东.关于地区绿色距离和绿色贡献的变迁分析[J].中国人口·资源与环境,2005,15（6）.

[172] 张小刚.长株潭绿色经济发展现状及评价研究[J].特区经济,2010（9）.

[173] 刘翔,曹裕.两型社会视角下的区域协调发展评价研究：基于长株潭城市群的实证分析[J].科技进步与对策,2011,28（6）.

[174] 薛珑.绿色经济发展测度体系的构建[J].统计与决策,2012（18）.

[175] 刘纪远.中国西部绿色发展概念框架[J].中国人口·资源与环境,2013,23（10）.

[176] 曾贤刚,毕瑞亨.绿色经济发展总体评价与区域差异分析[J].环境科学研究,2014（12）.

[177] 巩前文,严耕."绿色生产"指数构建与测度:2008—2014年[J].改革,2015（6）.

[178] 朱海玲.绿色经济评价指标体系的构建[J].统计与决策,2017(5).

[179] 余学锋.对推进绿色经济发展的若干思考[J].中共福建省委党校学报,2011(1).

[180] 曹东,赵学涛,杨威彬.中国绿色经济发展和机制政策创新研究[J].中国人口·资源与环境,2012(5).

[181] 诸大建.从"里约+20"看绿色经济新理念和新趋势[J].中国人口·资源与环境,2012(9).

[182] 王玉庆.关于促进我国绿色经济发展的思考[J].中国市场,2013(3).

[183] 张梅.绿色发展:全球态势与中国的出路[J].国际问题研究,2013(5).

[184] 王永芹.对创新驱动绿色发展的思考[J].河北学刊,2014(3).

[185] 泰岩,特木钦.绿色经济问题研究新进展[J].工业技术经济,2017(12).

[186] 王军慈.河南省绿色GDP核算研究[J].品牌(下半月),2014(8).

[187] 向书坚,郑瑞坤.中国绿色经济发展指数研究[J]统计研究,2013,30(3).

[188] 彭斯震,孙新章.中国发展绿色经济的主要挑战和战略对策研究[J].中国人口·资源与环境,2014,24(3).

[189] 钱争鸣,刘晓晨.我国绿色经济效率的区域差异及收敛性研究[J].厦门大学学报(哲学社会科学版),2014(1).

[190] 唐啸.绿色经济理论最新发展述评[J].国外理论动态,2014(1).

[191] 杨丽,孙之淳.基于炳值法的西部新型城镇化发展水平测评[J].经济问题,2015(3).

[192] 郑德凤,臧正,孙才志.绿色经济、绿色发展及绿色转型研究综述[J].生态经济,2015(2).

[193] 诸大建.解读生态文明下的中国绿色经济[J].环境保护科学,2015(5).

[194] 安晓明.河南绿色发展的困境与破解途径[J].城乡建设,2016(10).

[195] 林平凡,庄伟光.区域绿色经济体系的结构及构建机理:以广东为例[J].河南大学学报(自然版),2016,46(5).

[196] 班斓,袁晓玲.中国八大区域绿色经济效率的差异与空间影响机

制研究 [J]. 西安交通大学学报，2016，36（3）.

[197] 纪山山，徐天祥. 江苏省绿色经济发展水平评价 [J]. 中国环境管理干部学院学报，2016（5）.

[198] 吴玉萍，张云. 河南省绿色发展的问题及对策研究 [J]. 价值工程，2017（12）.

[199] 孔晓娟. 河南省区域经济社会发展评价研究 [J]. 评价与管理，2017，15（3）.

[200] 刘怡萩. 我国绿色经济发展的挑战与对策 [J]. 知识经济，2017（4）.

[201] 王锦安. 中国绿色经济发展和机制政策创新研究 [J]. 经贸实践，2017（4）.

[202] 许露露，袁俊，李號就"新常态"下河南省居民能源消费与环境污染源头治理的研究 [J]. 对外经贸，2018（6）.

[203] 路日亮，袁一平，康高磊. 绿色发展的必然性及其发展范式转型 [J]. 北京交通大学学报（社会科学版），2018，17（1）.

[204] 赵细康，吴大磊，曾云敏. 基于区域发展阶段特征的绿色发展评价研究：以广东 21 地市为例 [J]. 南方经济，2018（3）.

[205] 邹博清. 绿色发展、生态经济、低碳经济、循环经济关系探究 [J]. 当代经济，2018（23）.

[206] 王国力，韩慧慧. 京津冀地区城市绿色发展水平区域差异分析 [J]. 辽宁师范大学学报（自然科学版），2019，42（1）.

[207] 黄长芳. 新常态下绿色经济转型发展的思考 [J]. 经济研究导刊，2019（2）.

[208] 胡鞍钢. 最典型的绿色发展规划 [N]. 光明日报，2016-01-08.

[209] 徐林，岳宗，符信. 争创国家绿色发展示范区 [N]. 南方日报，2016-09-27.

[210] 夏光. "绿色经济"新解 [J]. 环境保护，2010，12（7）.

[211] 商迪，李华晶，姚璃. 绿色经济、绿色增长和绿色发展：概念内涵与研究评析 [J]. 外国经济与管理，2020，42（12）.

[212] 马驿. 云南省绿色经济发展评价指标体系研究 [J]. 西南民族大学学报（人文社科版），2018，39（12）.

[213] 黄羿，杨蕾，王小兴，夏斌. 城市绿色发展评价指标体系研究：

以广州市为例[J].科技管理研究,2012,32(17).

[214] 钱争鸣,刘晓晨.资源环境约束下绿色经济效率的空间演化模式[J].吉林大学社会科学学报,2014,54(5).

[215] 聂玉立,温湖炜.中国地级以上城市绿色经济效率实证研究[J].中国人口·资源与环境,2015,25(81).

[216] 钱龙.中国城市绿色经济效率测度及影响因素的空间计量研究[J].经济问题探索,2018(8).

[217] 朱金鹤,叶雨辰.新常态背景下新疆绿色经济发展水平测度及空间格局分析[J].生态经济,2018(3).

[218] 李苏,尹海涛.我国各省份绿色经济发展指数测度与时空特征分析:基于包容性绿色增长视角[J].生态经济,2020,36(9).

[219] 汪陈,李增来.安徽省绿色经济发展的时空演化分析[J].长春理工大学学报(社会科学版),2021(1).

[220] 彭芳梅.浅析粤港澳大湾区绿色发展路径[J].中共南京市委党校学报,2019(2).

[221] 佟贺丰,杨阳,王静宜,封颖.中国绿色经济发展展望:基于系统动力学模型的情景分析[J].中国软科学,2015(6).

[222] 袁华锡,刘耀彬.金融集聚与绿色发展:基于水平与效率的双维视角[J].科研管理,2019,40(12).

[223] 张燕,盛妮,蓝裕平.粤港澳大湾区可持续发展效率研究:基于三阶段SBM-DEA模型[J].技术经济与管理研究,2020(11).

[224] 易纯.湖南省城乡一体化发展水平及效率评价[J].中国农业资源与区划,2020(8).

[225] 徐萌,陈文汇,等.林业绿色经济发展评价指标体系研究[J].林业经济,2015(5).

[226] 雷玉桃,陈静仪,孙菁靖.中国三大城市群绿色发展效率的时空演变特征探析[J].城市观察,2020(6).

[227] 曾贤刚,毕瑞亨.绿色经济发展总体评价与区域差异分析[J].环境科学研究,2014(12).

[228] 张焕波.中国省级绿色经济指标体系[J].经济研究参考,2013(1).

[229] 殷阿娜,朱宏涛.京津冀绿色经济发展水平测度及区域差异研究

[J].金融理论与教学，2020（5）.

[230] 王毅钊，许乃中，奚蓉，张玉环.国家绿色发展示范区评价体系研究：以珠三角地区为例[J].环境科学与管理，2019，44（11）.

[231] 刘冰，张磊.山东绿色发展水平评价及对策探析[J].经济问题探索，2017（7）.

[232] 胡书芳，马宪法.浙江省城市绿色发展水平评价及区域差异分析[J].科技管理研究，2017，37（7）.

[233] 何新安.广东省绿色经济发展总体评价与区域差异分析[J].经济论坛，2016（9）.

[234] 袁怀宇，刘江浩.湖南绿色经济发展水平测度及空间差异分析[J].中南林业科技大学学报（社会科学版），2019，13（3）.

[235] 黄羿，杨蕾，等.城市绿色发展评价指标体系研究：以广州市为例[J]，科技管理研究，2012，32（17）.

[236] 陈澄，付伟.常州市绿色经济发展评价研究[J].中国市场，2017（29）.

[237] 海盐发布全国首份县级绿色发展报告[J].党政视野，2015（5）.

[238] 许丽梦，郭付友，王慧.山东省绿色发展效率时空演化及影响因素分析[J].山东国土资源，2019，35（12）.

[239] 曹煜玲，李奥，张军涛.基于ESDA方法的城乡统筹发展水平及空间格局分析：以辽宁省14个地级以上城市为样本[J].数学的实践与认识，2015，45（19）.

[240] 乔秀娟.青海省绿色经济发展效率研究[J].广西质量监督导报，2020（2）.

[241] 张军，佴杰.广东省绿色经济效率测算及实证研究[J].生态经济，2017，33（8）.

[242] 林平凡，庄伟光.区域绿色经济体系的结构及构建机理：以广东为例[J].河南大学学报（自然科学版），2016，46（5）.

[243] 曹靖，张文忠.不同时期城市创新投入对绿色经济效率的影响：以粤港澳大湾区为例[J].地理研究，2020，39（9）.

[244] 蔡乌赶，周小亮.中国环境规制对绿色全要素生产率的双重效应[J].经济学家，2017（9）.

[245] 陈超凡.中国工业绿色全要素生产率及其影响因素：基于ML生

产率指数及动态面板模型的实证研究 [J]. 统计研究, 2016, 33 (3).

[246] 陈凯. 绿色消费模式构建及政府干预策略 [J]. 中国特色社会主义研究, 2016 (3).

[247] 崔海霞, 宗义湘, 赵帮宏. 欧盟农业绿色发展支持政策体系演进分析: 基于OECD农业政策评估系统 [J]. 农业经济问题, 2018 (5).

[248] 邓远建, 张陈蕊, 袁浩. 生态资本运营机制: 基于绿色发展的分析 [J]. 中国人口·资源与环境, 2012, 22 (4).

[249] 方世南. 领悟绿色发展理念亟待拓展五大视野 [J]. 学习论坛 2016 (4).

[250] 冯之浚, 刘燕华, 金涌, 等. 坚持与完善中国特色绿色化道路 [J]. 中国软科学, 2015 (9).

[251] 傅志寰, 宋忠奎, 等. 我国工业绿色发展战略研究 [J]. 中国工程科学, 2015, 17 (8).

[252] 葛仁东, 于成学, 徐毅, 等. 基于DPESAR框架的辽宁省绿色发展实证研究 [J]. 大连民族大学学报, 2017, 19 (1).

[253] 古小东, 夏斌, 等. 我国推行合同能源管理的问题与对策研究 [J]. 企业经济, 2012 (3).

[254] 黄健柏, 贺稳彪, 等. 全球绿色发展格局变迁及其逻辑研究 [J]. 南方经济, 2017 (5).

[255] 李琳, 楚紫穗. 我国区域产业绿色发展指数评价及动态比较 [J]. 经济问题探索, 2015 (1).

[256] 黄娟, 王幸楠. 北欧国家绿色发展的实践与启示 [J]. 经济纵横, 2015 (7).

[257] 胡岳岷, 刘甲库. 绿色发展转型: 文献检视与理论辨析 [J]. 当代经济研究, 2013 (6).

[258] 黄建欢, 吕海龙, 王良健. 金融发展影响区域绿色发展的机理: 基于生态效率和空间计量的研究, [J]. 地理研究, 2014 (3).

[259] 黄茂兴, 叶琪. 马克思主义绿色发展观与当代中国的绿色发展: 兼评环境与发展不相容论 [J], 经济研究, 2017, 52 (6).

[260] 黄跃, 李琳. 中国城市群绿色发展水平综合测度与时空演化 [J]. 地理研究, 2017 (7).

[261] 蒋南平, 向仁康. 中国经济绿色发展的若干问题 [J]. 当代经济研究,

2013（2）.

[262] 蓝庆新，彭一然，冯科. 城市生态文明建设评价指标体系构建及评价方法研究：基于北上广深四城市的实证分析[J]. 财经问题研究，2013（9）.

[263] 黄志斌，姚灿，王新. 绿色发展理论基本概念及其相互关系辨析[J]. 自然辩证法研究，2015，31（8）.

[264] 何元锋. 新时代社会主要矛盾的区域性特征及其平衡重构[J]. 行政管理改革，2017（12）.

[265] 李胜兰，初善冰，申晨. 地方政府竞争、环境规制与区域生态效率[J]，世界经济，2014（4）.

[266] 李顺毅. 绿色发展与居民幸福感：基于中国综合社会调查数据的实证分析[J]. 财贸研究，2017，28（1）.

[267] 刘纪远，邓祥征，等. 中国西部绿色发展概念框架[J]. 中国人口·资源与环境，2013（10）.

[268] 李松龄. 新时代区域协调发展战略路径选择与制度安排[J]. 湖湘论坛，2018（4）.

[268] 刘世锦. 中国绿色发展的机遇与挑战[J]. 低碳世界，2012（1）.

[270] 李正图. 中国发展绿色经济新探索的总体思路[J]. 中国人口·资源与环境，2013（4）.

[271] 刘薇. 北京实现创新驱动绿色发展的关键问题研究[J]. 北京社会科学，2013（1）.

[272] 吕薇. 营造有利于绿色发展的体制机制和政策环境[J]. 经济纵横，2016（2）.

[273] 刘赢时，田银华，罗迎. 产业结构升级、能源效率与绿色全要素生产率[J]. 财经理论与实践，2018，39（1）.

[274] 乔晓楠. 中国绿色发展面临问题与产业升级策略探讨[J]. 中国特色社会主义研究，2018（2）.

[275] 刘玉高，陶泽元. 马克思恩格斯绿色发展观及其当代再现[J]. 中南民族大学学报（人文社会科学版），2016，36（3）.

[276] 刘志彪. 为高质量发展而竞争：地方政府竞争问题的新解析[J]. 河海大学学报（哲学社会科学版），2018，20（2）.

[277] 卢洪友，许文立，中国生态文明建设的"政府－市场－社会"

机制探析[J].财政研究,2015(11).

[278] 刘明广.中国省域绿色发展水平测量与空间演化[J].华南师范大学学报(社科版),2017(3).

[279] 罗文东,张曼.绿色发展:开创社会主义生态文明新时代[J].当代世界与社会主义,2016(2).

[280] 卢宁.从"两山理论"到绿色发展:马克思主义生产力理论的创新成果[J].浙江社会科学,2016(1).

[281] 罗兴鹏,张向前.福建省推进绿色转型建设生态文明的演化博弈分析[J].华东经济管理,2016,30(9).

[282] 罗宣,金瑶瑶,王翠翠.转型升级下资源型城市绿色发展效率研究:以中部地区为例[J].西南交通大学学报(社会科学版),2017,18(6).

[283] 刘志雄.中国绿色发展的条件与面临的挑战[J].新视野,2013(4).

[284] 毛新.基于马克思物质变换理论的中国生态环境问题研究[J].当代经济研究,2012(7).

[285] 欧阳志远.社会根本矛盾演变与中国绿色发展解析[J].当代世界与社会主义,2014(5).

[286] 刘学敏,张生玲.中国企业绿色转型:目标模式、面临障碍与对策[J].中国人口·资源与环境,2015,25(6).

[287] 裴长洪,于燕.德国"工业4.0"与中德制造业合作新发展[J].财经问题研究,2014(10).

[288] 钱争鸣,刘晓晨.中国绿色经济效率的区域差异与影响因素分析[J].中国人口·资源与环境,2013,23(7).

[289] 秦书生,晋晓晓.政府、市场和公众协同促进绿色发展机制构建[J].中国特色社会主义研究,2017(3).

[290] 任保平.新时代高质量发展的政治经济学理论逻辑及其现实性[J].人文杂志,2018(2).

[291] 余颖,刘耀彬.国内外绿色发展制度演化的历史脉络及启示[J].长江流域资源与环境,2018,27(7).

[292] 沈满洪.生态文明制度建设:一个研究框架[J].中共浙江省委党校学报,2016(1).

[293] 盛光华, 高键. 生活方式绿色化的转化机理研究: 以绿色消费为视角 [J]. 西安交通大学学报（社会科学版）, 2016, 36（4）.

[294] 师博, 姚峰, 李辉. 创新投入、市场竞争与制造业绿色全要素生产率 [J]. 人文杂志, 2018（1）.

[295] 石敏俊, 刘艳艳. 城市绿色发展: 国际比较与问题透视 [J]. 城市发展研究, 2013（5）.

[296] 孙晓, 刘旭升, 李锋, 等. 中国不同规模城市可持续发展综合评价 [J], 生态学报, 2016（17）.

[297] 谭志雄. 西部欠发达地区推进绿色发展的路径与政策建议 [J]. 经济纵横, 2017（5）.

[298] 佟贺丰, 杨阳, 王静宜, 封颖. 中国绿色经济发展展望: 基于系统动力学模型的情景分析 [J]. 中国软科学, 2015（6）.

[299] 汪克亮, 杨力, 程云鹤. 要素利用、节能减排与地区绿色全要素生产率增长 [J]. 经济管理, 2012, 34（11）.

[300] 刘光天. 节能减排与中国绿色经济增长: 基于全要素生产率的视角 [J]. 中国工业经济, 2015（5）.

[301] 王兵, 唐文狮, 吴延瑞, 等. 城镇化提高中国绿色发展效率了吗？[J]. 经济评论, 2014（4）.

[302] 吴传清, 黄磊. 长江经济带绿色发展的难点与推进路径研究 [J]. 南开学报（哲学社会科学版）, 2017（3）.

[303] 王海芹, 高世楫. 我国绿色发展萌芽、起步与政策演进: 若干阶段性特征观察 [J]. 改革, 2016（3）.

[304] 伍国勇, 段豫川. 论超循环经济: 兼论生态经济、循环经济、低碳经济、绿色经济的异同 [J]. 农业现代化研究, 2014, 35（1）.

[305] 王晓东. 加快推动绿色发展变革 [N]. 人民日报, 2016-05-23.

[306] 王新玉. 低碳发展与循环发展、绿色发展的关系研究 [J]. 生态经济, 2014（9）.

[307] 王玉庆. 我国实现绿色发展的关键问题 [J]. 经济研究参考, 2013（1）.

[308] 卫兴华. 准确理解"不平衡不充分的发展" [N]. 人民日报, 2018-01-11.

[309] 吴旭晓. 区域工业绿色发展效率动态评价及提升路径研究: 以重

化工业区域青海、河南和福建为例[J].生态经济,2016,32(2).

[310] 杨世迪,韩先锋.贸易自由化的绿色生产率增长效应及其约束机制:基于中国省际面板数据的门槛回归分析[J].经济科学,2016(4).

[311] 夏光.绿色发展的三大动力[J].全球化,2016(4).

[312] 谢雄标,吴越,严良,等.数字化背景下企业绿色发展路径及政策建议[J],生态经济,2015,31(11).

[313] 娜庆治.国际比较视野下的绿色发展[J].江西社会科学,2012,32(8).

[314] 赵峥.城市绿色发展:内涵检视及战略选择[J].中国发展观察,2016(3).

[315] 杨宜勇,吴香雪,杨泽坤.绿色发展的国际先进经验及其对中国的启示[J].新疆师范大学报(哲学社会科学版),2017,38(2).

[316] 杨志江,文超祥.中国绿色发展效率的评价与区域差异[J].经济地理,2017,37(3).

[317] 姚西龙,牛冲槐,刘佳.创新驱动、绿色发展与我国工业经济的转型效率研究[J].中国科技论坛,2015(1).

[318] 尹传斌,蒋奇杰.绿色全要素生产率分析框架下的西部地区绿色发展研究[J].经济问题探索,2017(3).

[319] 余华,彭程甸.中国绿色发展的理论逻辑与实践路径探索[J].湖南财政经济学院学报,2018,34(1).

[320] 原毅军,谢荣辉.FDI、环境规制与中国工业绿色全要素生产率增长:基于Luenberger指数的实证研究[J].国际贸易问题,2015(8).

[321] 岳书敬,杨阳,许耀.市场化转型与城市集聚的综合绩效:基于绿色发展效率的视角[J].财经科学,2015(12).

[322] 翟坤周.经济绿色治理:框架、载体及实施路径[J].福建论坛,2016(9).

[323] 张华,丰超,时如义.绿色发展:政府与公众力量[J]山西财经大学学报,2017(11).

[324] 赵彦云,林寅,陈昊.发达国家建立绿色经济发展测度体系的经验及借鉴[J].经济纵横,2011(1).

[325] 张乾元,苏俐晖.绿色发展的价值选择及其实现路径[J].新疆师

范大学学报（哲学社会科学版），2017，38（2）．

[326] 张晒．"绿色发展"的深层次逻辑与可行性路径：基于空间正义视角的探讨[J]．北京理工大学学报（社会科学版），2017，19（1）．

[327] 张艳，何爱平．生态文明建设理论基础及其路径选择：马克思主义政治经济学视角[J]．西北大学学报（哲学社会科学版），2016（3）．

[328] 赵建军．人与自然的和解："绿色发展"的价值观审视[J]．哲学研究，2012（9）．

[329] 甄霖，杜秉贞，刘纪远，等．国际经验对中国西部地区绿色发展的启示：政策及实践[J]．中国人口·资源与环境，2013，23（10）．

[330] 郑德凤，臧正，孙才志．绿色经济、绿色发展及绿色转型研究综述[J]．生态经济，2015（2）．

[331] 郑红霞，王毅，黄宝荣．绿色发展评价指标体系研究综述[J]．工业技术经济，2013（2）．

[332] 钟水映，冯英杰．中国省际间绿色发展福利测量与评价[J]．中国人口·资源与环境，2017，27（9）．

[333] 周宏春．以绿色消费引领生活方式绿色化：《关于加快推动生活方式绿色化的实施意见》解读[J]．环境保护，2015，43（24）．

[334] 周文翠．绿色发展中的政府生态责任实现机制[J]．佳木斯大学社科学报，2017，35（1）．

[335] 习近平．《习近平谈治国理政（第二卷）》[M]．北京：外文出版社，2017．

[336] 习近平．《习近平谈治国理政（第一卷）》[M]．北京：外文出版社，2018．

[337] 马克思．1848年经济学哲学手稿[M]．北京：人民出版社，2000．

[338] 马克思．《马克思恩格斯全集》第1卷[M]．北京：人民出版社，1972．

[339] 马克思．资本论[M]．北京：人民出版社，2004．

[340] 马克思．《马克思恩格斯文集》第9卷[M]．北京：人民出版社，2009．

[341] 中国科学院可持续发展战略研究组．中国可持续发展战略报告：实现绿色的经济转型[M]．北京：科学出版社，2011．

[342] 中共中央文献研究室．习近平关于社会主义生态文明建设论述摘编[M]．北京：中央文献出版社，2017．

[343] 中共中央文献研究室．十八大以来重要文献选编[M]．北京：中央文献出版社，2014．

[344] 中共中央宣传部．习近平总书记系列讲话重要读本[M]．北京：人民出版社，2016．

[345] 谷树忠．绿色转型发展[M]．杭州：浙江大学出版社，2016．

[346] 何爱平．以生态文明看待发展[M]．北京：经济科学出版社，2016．

[347] 李晓西．中国绿色发展指数报告：区域比较[M]．北京：北京师范大学出版社，2012．

[348] 李新宁．矿产资源密集型区域绿色发展机理及评价研究[D]．中国地质大学，2013．

[349] 任保平，师博，钞小静，等．新时代背景下的中国经济增长质量[M]．北京：中国经济出版社，2018．

[350] 罗岚．基于环境友好的绿色增长研究[M]．北京：科学出版社，2013．

[351] 李佐军．中国绿色转型发展报告[M]．北京：中共中央党校出版社，2012．

[352] 刘思华．绿色经济论[M]．北京：中国财政经济出版社，2001．

[353] 张宇，谢地，等．中国特色社会主义政治经济学[M]．北京：高等教育出版社，2017．

[354] 徐波．环境经济学前沿专题[M]．北京：中国经济出版社，2014年版．

[355] 戴利，汤森，马杰，等．珍惜地球：经济学、生态学、伦理学[M]．北京：商务印书馆，2001．

[356] 洪银兴．可持续发展经济学[M]．北京：商务印书馆，2000．

[357] 本尼迪克特·安德森．想象的共同体：民族主义的起源与散布[M]．吴叡人，译．上海：上海世纪出版集团，2005．

[358] 胡鞍钢．中国创新绿色经济发展[M]．北京：中国人民大学出版社，2012．

[359] 基辛．当代文化人类学[M]．张恭启，于嘉云，译．台北：巨流图书有限公司，1980．

[360] 加威尔·金里卡.自由主义、社群与文化[M].应奇,葛水林,译.上海:上海世纪出版集团、上海译文出版社,2005.

[361] 施特劳斯.自然权利与历史[M].彭刚,译.北京:生活·读书·新知三联书店,2003.

[362] 蕾切尔·卡逊.寂静的春天[M].许亮,译.北京:北京理工大学出版社,2014.

[363] 贾卫列,杨永岗,朱明双等.生态文明建设概论[M].北京:中央编译出版社,2013.

[364] 北京师范大学科学发展观与经济可持续发展研究基地.2010中国绿色发展指数年度报告:省际比较[M].北京师范大学出版社,2010.

[365] 邹进泰,熊维明.绿色经济[M].太原:山西经济出版社,2003.

[366] 石莹.我国生态文明建设的经济机理与绩效评价研究[D].西北大学,2016.

[367] 张首先.生态文明研究[D].西南交通大学,2011.

[368] 潘吉海.广西少数民族地区精准扶贫研究[D].华东师范大学,2019.

[369] 藏媛.西部地区绿色经济发展评价及影响因素研究[D].兰州财经大学,2019.

[370] 周鹏.中国西部地区生态移民可持续发展研究[D].中央民族大学,2013.

[371] 王永芹.当代中国绿色经济发展观研究[D].武汉大学,2014.

[372] 沈洁莹.我国绿色治理模式研究[D].华东政法大学,2012.

[373] 王明倩.马克思主义生态观视域下绿色经济发展战略研究[D].黑龙江社会科学院,2017.

[374] 曾鹏.绿色经济发展理念视阈下美丽中国建设研究[D].武汉大学,2017.

[375] 陆波.当代中国绿色经济发展理念研究[D].苏州大学,2017.

[376] 杨雪星.中国绿色经济竞争力研究[D].福建师范大学,2016.

[377] 高键.生活方式对消费行为的绿色转化研究[D].吉林大学,2017.

[378] 孙亮.江苏省绿色经济发展研究[D].华中科技大学,2013.

[379] 王新明.长三角城市群绿色经济效率研究[D].南昌航空大学,

2019.

[380] 彭席席. 中国绿色经济发展评价研究[D]. 福建师范大学, 2017.

[381] 于海奇. 长江经济带三大城市群绿色发展评价与比较研究[D]. 贵州财经大学, 2018.

[382] 万帆帆. 甘肃省绿色经济发展水平测度及时空差异研究[D]. 兰州财经大学, 2019.

[383] 庞丹靛. 城市绿色发展指标体系及评价方法研究[D]. 南京师范大学, 2017.

[384] 纪山山. 鲁苏粤地区绿色经济发展水平比较[D]. 山东师范大学, 2017.

[385] 郝杰. 四川省绿色经济发展评价指标体系构建及应用研究[D]. 四川师范大学, 2018.

[386] 崔佳楠. 河南省绿色经济发展研究[D]. 吉林财经大学, 2019.

[387] 刘婕. 山东半岛城市群绿色经济空间格局评价和优化研究[D]. 山东师范大学, 2020.

[388] 徐放. 粤港澳大湾区城市群经济联系及空间结构特征研究[D]. 华南理工大学, 2019.

[389] 剧宇宏. 中国绿色经济发展的机制与制度研究[D]. 武汉理工大学, 2009.

[390] 朱书敏. 新疆绿色经济发展效率及对策研究[D]. 新疆大学, 2018.

[391] 熊日群. 中国绿色经济发展影响因素研究[D]. 西南政法大学, 2019.

[392] 杜娟. 资源型经济转型中的政府行为研究[D]. 山西大学, 2012.

[393] 申晋宇. 山西省绿色经济发展研究[D]. 沈阳工业大学, 2018.

[394] 胡馨元. 白山地区绿色经济发展研究[D]. 中共吉林省委党校, 2018.

[395] 王毅钊. 基于绿色发展示范的珠三角城市绿色发展评估体系研究[D]. 广东工业大学, 2017.

[396] 王一婷. 基于RAGA-PPC模型的资源型城市绿色转型评价[D]. 成都理工大学, 2019.

[397] 万胜国. 山东省绿色经济发展战略思路研究[D]. 济南：山东师范

大学，2016.

[398] 李玲. 京津冀区域绿色发展评价研究 [D]. 保定：河北大学，2018.

[399] 黄兰钦. 四川省绿色经济发展评价研究 [D]. 重庆大学，2016.

[400] 郝栋. 绿色发展道路的哲学探析 [D]. 中共中央党校，2012.